Jeanne Ruland

Visionsbuch für die Rauhnächte

Für das Jahr:

____

Wie wir unsere Jahresvision Wirklichkeit werden lassen

Schirner Verlag

Die Ratschläge in diesem Buch sind sorgfältig erwogen und geprüft. Sie bieten jedoch keinen Ersatz für kompetenten medizinischen Rat, sondern dienen der Begleitung und der Anregung der Selbstheilungskräfte. Alle Angaben in diesem Buch erfolgen daher ohne Gewährleistung oder Garantie seitens der Autorin oder des Verlages. Eine Haftung der Autorin bzw. des Verlages und seiner Beauftragten für Personen-, Sach- und Vermögensschäden ist ausgeschlossen.

Wir verzichten auf das Einschweißen unserer Bücher – **UNSERER UMWELT ZULIEBE!**

ISBN 978-3-8434-1396-1

Jeanne Ruland:
Visionsbuch für die Rauhnächte
Wie wir unsere Jahresvision
Wirklichkeit werden lassen

Umschlag: Anke Müller & Elena Lebsack, Schirner, unter Verwendung von #691682524 (© StarLine), #1186087225 (© Denis Belitsky), #90388894 (© FitaPark Fita), #144072169 (©Peter Hermes Furian), www.shutterstock.com
Layout: Elena Lebsack, Schirner
Lektorat: Kerstin Noack, Schirner
Printed by: Ren Medien GmbH, Germany

www.schirner.com

1. Auflage Oktober 2019

INHALT

Nacht für Nacht durch die Rauhnächte

76

EINSTIMMUNG

»Glaube an das, was noch nicht ist, damit es werden kann.«
(Deutsches Sprichwort)

Mit diesem Buch hältst du einen wundervollen Begleiter durch die magischen Rauhnächte in deinen Händen. Es führt dich durch die heilige Zeit und zeigt dir, wie du die Rauhnächte dazu nutzen kannst, die goldenen Samen für das neue Jahr zu legen. Dieses Visionsbuch ist aus der Quelle höchsten Lichts geschrieben. Die Quelle, aus der wir alle stammen und die durch jeden von uns wirkt, ist unsere höchste Ausrichtung und unsere klare Führung im Einklang mit dem Seelenplan im neuen Jahr. So nimm dir zu Beginn Zeit, dich auf den Inhalt dieses Buches einzustimmen und dich mit der Quelle des Lichts in dir zu verbinden.

Lege deine Hände auf dein Herz, fühle deinen Puls und das ewige Licht in dir. Atme in dein Herz, stelle dir vor, wie sich das Licht in dir ausdehnt, immer strahlender in dir und um dich herum leuchtet. Stelle dir dein Hohes Selbst vor, das deinen Lebensplan kennt, den Anteil von dir, der ewiges Licht ist. In deiner Vorstellung fließt gold-brillantes Licht aus deinem Hohen Selbst über die Silberschnur in dein Herz hinein und erfüllt dein ganzes Sein. Frieden, Liebe und Licht breiten sich aus und schenken dir die nötige Ruhe und Klarheit, um dich auf das neue Jahr einzustimmen. Stelle dir vor, wie der Segen, der dein Herz erfüllt, durch dich fließt und in alles hineinströmt, womit du sichtbar und verborgen verbunden bist, zum Segen und zur Ehre der gesamten Schöpfung.

Mache dir bewusst:
Dir gehört das gesamte Himmelreich. Du trägst große schöpferische Kräfte in dir. Doch du kannst nichts Irdisches mitnehmen. Was möchtest du in diesem Leben verwirklichen? Was möchtest du wirklich in dieser Welt hinterlassen, für dich, für die Gesellschaft und für die nachfolgenden Generationen?

Entzünde eine Kerze. Nimm einen Stift zur Hand, und formuliere deine persönliche Vision, deine Wünsche und Ziele, und gestalte damit dein Leben glückwärts. Du kannst Ziele, Wünsche, Träume oder Visionen zu Papier bringen, kannst sie durchstreichen und neu schreiben, wenn die Impulse dazu kommen, es gibt keine Grenzen. Habe Freude an deinem Leben, an deinem Sein, an den schöpferischen Kräften, die du in dir trägst, und an der Gestaltung deiner Wirklichkeit. Jetzt ist die Zeit der Planung und Gestaltung! Wenn du schon eine Vision hast, so schreibe sie hier nieder.

Deine Vision für das Jahr …

Forme deine Visionen und Ziele im Einklang mit den Reichen der Ewigkeit, dann haben sie Bestand für alle Zeit.

Einleitung

Es ist Zeit, dein Licht strahlen zu lassen, weit, hell, unbegrenzt.

Dass du dich für dieses Visionsbuch entschieden hast, zeigt, dass du für neue Schritte in deinem Leben bereit bist. Du bist entschlossen, dich selbst zu erforschen und das, was dir von Gott, von der Quelle, mitgegeben wurde, vollständig zu verwirklichen. Du trägst das gesamte Potenzial bereits in dir und bist in der Lage, diese Welt bunter, heller und schöner werden zu lassen. Das Leben ist kurz, doch du hast die Möglichkeit, es intensiv und außergewöhnlich werden zu lassen.

Du wirst in diesem Buch viele Übungen, kleine Affirmationen, Inspirationen und Impulse finden, die wie goldenes Lichtwasser für all die Samen sind, die bereits in dir angelegt sind. Neue Wachstumsschritte stehen bevor. Die magischen und mystischen Rauhnächte geben dir einen tiefen Einblick in das neue Jahr, das du mit jedem Schritt, mit jedem Atemzug mitgestalten kannst, indem du das Licht, das durch dich fließt, in die richtigen Bahnen lenkst.

Fangen wir mit einer kleinen Übung an:
Dein Körper lügt niemals. Stelle dich aufrecht hin, und führe deine Hände zum Boden. Frage dich: »Wie viel von meinem Potenzial lebe ich bereits?« Dann gehe ganz langsam mit den Händen nach oben, und schaue, wo sie von allein innehalten. Erkenne genau diesen Level jetzt an: »Ja, so viel von meinem Poten-

zial habe ich bereits verwirklicht.« Warte einen Moment, lasse Liebe und Anerkennung vom Herzen in die Hände hineinströmen. Nun erlaube dir, dein ganzes Potenzial zu leben, indem du über diesen Grad hinausgehst und deine Hände bis in die höchsten Ebenen bewegst. Spüre für einen Moment, wie es ist, das gesamte Potenzial zu leben.

Wiederhole diese Übung dreimal. Gib dir selbst die Erlaubnis, dein gesamtes Potenzial, auch wenn du es noch nicht genau definieren kannst, zu leben. Ermächtige dich selbst! Damit ist der erste Schritt getan.

Affirmation:

»Mein Leben ist außergewöhnlich, erfüllend, voller Wunder und Magie.
Die Schöpferkraft in mir führt mich in Liebe, Gesundheit, Fülle,
Gestaltungskraft und Wohlstand.
Das Paradies ist in mir, ich kann den Himmel auf Erden erfahren.«

Notiere hier deine persönliche Affirmation für alle Rauhnächte:

Ich wünsche dir eine großartige, magische und erkenntnisreiche Reise durch die Rauhnächte. Mögest du dich als das Wunder erkennen, das du bereits bist.

In Liebe
Jeanne Ruland

Rauhnächte & VISIONEN

Die Nacht von Halloween, vom 31. Oktober auf den 1. November, ist der inoffizielle Jahresbeginn. In diesem Zeitraum ist bereits ein übergeordneter Blick auf das neue Jahr möglich. Dann folgt die Adventszeit – die Zeit der Ankunft. Eine wertvolle Zeit, um Altes abzuschließen und sich auf das Kommende vorzubereiten. Am 24. Dezember beginnen die Rauhnächte, auch »Orakelnächte« oder »Rauchnächte« genannt. Diese zwölf bzw. dreizehn magischen Nächte entstehen im Abgleich von Mond- und Sonnenjahr. Ein lunares Jahr besteht aus 12 Monden in einem Zyklus von 29,5 Tagen. Ein solares Jahr dauert 365 Tage. Zieht man die Tage des Mondjahres von denen des Sonnenjahres ab, ergeben sich 11 Tage (plus ein Tag davor und ein Tag danach). Diesen Raum außerhalb der Zeit nennt man die »Rauhnächte«. Sie sind magische Nächte, da wir mit jeder Nacht einen Einblick in das neue Jahr erhalten, Vergangenheit, Gegenwart und Zukunft hier ineinanderströmen und wir die Fäden für das neue Jahr weben. Wir können in dieser Zeit sowohl feinfühlig und empfänglich als auch achtsam und aktiv sein, um die Kraft des neuen Jahres mitzuweben und segensreich zu gestalten.
In dieser Zeit des Jahres setzen wir die goldenen Samen, um unser Leben lichtvoll zu gestalten. Die Rauhnächte dienen dazu, die Scherben der geplatzten Träume, Ziele und Wünsche hinwegzufegen, loszulassen und neue Visionen zu verwirklichen.
Allgemein gilt, dass die kleinen Räder in den Rauhnächten stillstehen sollen, da sich nun die großen Schicksalsräder drehen. Das bedeutet, Einkehr und Innenschau zu betreiben, innezuhalten und für das Kommende empfänglich zu sein sowie die Energie glückwärts zu lenken bzw. Samen zu setzen. Alles, was wir in dieser Zeit säen, kommt zu seiner Zeit in unser Leben.

Wer den Zauber der Rauhnächte in der Tiefe erleben möchte, dem empfehle ich, sich in dieser Zeit, soweit es möglich ist, zurückzuziehen, ein Traumtagebuch zu führen und die Impulse und Anregungen in diesem Buch zu befolgen.

Ich wünsche viele tief greifende Erkenntnisse, Einsichten und Einblicke in die eigene Schöpferkraft, die wir in dieser Zeit ganz besonders kraftvoll einsetzen können.

Warum ausgerechnet in dieser Zeit Wünsche und Visionen manifestieren?

In der Weihnachtszeit und den Rauhnächten, auch »Mutternächte« genannt, durchlaufen wir die unsichtbaren Ebenen des sich neu manifestierenden Jahres. Das heißt, in dieser Zeit wird alles vorgelegt – persönlich, kollektiv, global, universell –, was wir im kommenden Jahr erleben werden. Denn alles geschieht zuerst im Geist, bevor es sich in der Materie zeigt. So ist diese Zeit der »unsichtbaren Sicht« eine äußerst kostbare Zeit, um die Manifestationen im neuen Jahr aktiv mitzugestalten.

In dieser Zeit zeigen sich (ur)alte Strukturen, die gelöst bzw. gelockert werden dürfen. Vergangenheit, Gegenwart und Zukunft spielen ineinander. Es finden sich Lücken, Stille, Leere, neue Ideen und Impulse, die wir umsetzen möchten. Daraus ergibt sich die Wirkungsweise unserer Arbeit in den Rauhnächten: lösen, reinigen, klären und neue Samen säen.

Hier ein Überblick über die wichtigen Tage in dieser Zeit. Die vier Adventstage stehen für die vier Elemente, die an jeder Schöpfung beteiligt sind.

1. Advent – Luft – Geist – Mentalkörper – Skizze/Entwurf
Der Wind trägt uns alles zu. Wir empfangen Gedanken, Impulse, alles geschieht zuerst im Geist.

2. Advent – Wasser – Gefühl – Gefühlskörper/Herz – Energiefluss
Wasser lädt auf und regt den Energiefluss an. Ein Gedanke kann sich erst verwirklichen, wenn er mit der Substanz des Fühlens aufgeladen wird. Das Gefühl erzeugt Schwingung und damit Resonanz.

3. Advent – Feuer – Energie – Umsetzungskraft
Das Feuer der Begeisterung lässt uns zu Werke gehen und leitet und lenkt die feinstofflichen Energieströme, damit die Energie sich manifestieren kann. Die elektronische Lichtsubstanz lädt den Wunsch auf, verleiht ihm Kraft und die erste Form im Licht.

4. Advent – Erde – Es ist getan! – göttliches Licht in Tätigkeit
Gedanken, Ideen und Visionen nehmen Form an, sie manifestieren sich. Das Wort »Materie« ist abgeleitet von lateinisch *mater* für »Mutter« – etwas formt sich. Die Mutternächte sind deshalb auch die Zeit der Manifestation.

21.12. Wintersonnenwende – Wendezeit, die 3 Tage dauert

24.12. Weihnachten – Das neue Licht beginnt, sich zu manifestieren.

24.12./25.12. Beginn der Rauhnächte

Die Kräfte der Manifestation in der Weihnachtsgeschichte

Das Denken ist der Vater,
das Fühlen die Mutter,
die Manifestation formt das Kind, die Schöpfung.

Bei jeder Manifestation sind weibliche, männliche und göttlich-kindliche Kräfte am Werk. In der berühmten Weihnachtsgeschichte finden wir alle diese Kräfte in der göttlichen Ordnung wieder, wodurch sich das neue Licht, das empfangen wurde, manifestieren konnte. Die zentrale Figur in der Weihnachtsgeschichte ist Mutter Maria, die das Jesuskind – und damit das neue Licht – gebärt (Proton und Neutron im Kern des Geschehens). Aber wir haben auch den Vater, der führt, behütet, beschützt und Raum gibt (Elektron um den Kern). Mutter, Vater, Kind – dies ist die Dreifaltigkeit, die in der gesamten Schöpfung wirkt. Sie ist das Herzstück, die dreifaltige Flamme im Innersten des Herzens.

Das Ereignis um Jesu Geburt findet mitten in der Natur statt, die göttlich ist, getragen von der Geistigen Welt, der Welt der Meister und Engel, dem Licht der

Sterne und des Mondes, denn das Licht wird in der dunkelsten Nacht empfangen. Ochse und Esel, die friedlich im Stall stehen, symbolisieren die unbewussten Kräfte, die Instinkte und das Ego.
Die Heiligen Drei Könige, die Kräfte des Geistes, müssen ihren Geist dem Herzen beugen, d.h. sich von den guten Kräften des Herzens (den Hirten) führen lassen, um in den Kern zu kommen und das Wunder von Weihnachten zu begreifen.

Nach der Geburt beginnt die Wilde Jagd. Das Alte will überleben und nicht durch das neue Licht abgelöst werden. So ringen in den Rauhnächten die alten Kräfte mit den neuen und das, was noch erlöst und aufgearbeitet werden möchte, mit den neuen Wegen. Wir können diese Zeit nutzen, um zu reinigen, zu klären und uns neu auszurichten, sodass das wahre Licht in uns sich immer mehr entfalten kann – denn wir sind, solange wir hier in der Form, in dieser Inkarnation, sind, das Licht in dieser Welt.

In den Rauhnächten trifft sich in jedem Jahr der karmische Rat, um die Kräfte auszubalancieren und anzugleichen.

Zum Manifestieren gehören folgende Kräfte:

0 allumfassende Natur in den unsichtbaren und sichtbaren Bereichen – eingebunden sein
1 der Gedanke – der Impuls – Lichtbündelung – Lichtlenkung
2 die zwei großen Ströme der Schöpfung – Männlich und Weiblich – Schwingung
3 die Dreifaltigkeit – Gott (Vater, Mutter und Kind in einem)
4 die Erde, die uns unsere Manifestationen spiegelt – das Licht in der Form
5 die fünf Elemente
6 die Ausgewogenheit der Kräfte in der Liebe (Merkaba – Lichtfeld)
7 die sieben Strahlen der Schöpfung
8 das Erwachen in der Ewigkeit des Seins – Unendlichkeit
9 die Vollendung
10 die Zusammenfassung
11 das ewige Licht im Inneren – Uns gehört das Himmelreich!
12 der kosmische Zyklus (Zodiak-Sternkreis)
13 die Liebe
14 das Christusbewusstsein

Wunsch, Traum und Vision

Gib zu, du liebst die Hoffnung mehr als die Wahrheit,
dann besteht noch Hoffnung,
irgendwann ist die Hoffnung nicht mehr da,
weil sie wahr geworden ist.

Um Visionen und Wünsche zu manifestieren, ist es wichtig, zu erkennen, dass du in deinem Leben bereits Wünsche, Träume, Ziele und Visionen hattest und einige davon schon erfüllt wurden. Erkenne dich dafür an, denn dann verstärkt sich die Kraft, die dich zur Erfüllung getragen hat. Im Folgenden findest du eine kleine Hilfestellung, um dir diese Kraft bewusst zu machen.

»Der Wunsch ist der Vater des Gedanken.«
(William Shakespeare)

Es gibt bewusste und unbewusste, gute und böse, bescheidene, unerfüllbare, brennende, geheime, heimliche, große und kleine, mögliche und unmögliche Wünsche. Der Wunsch ist immer ein Begehren, ein Verlangen nach einer Sache, die man in seinem Leben haben möchte oder anderen wünscht.

Was bedeutet WUNSCH für dich?

Welche großen Wünsche hattest du in der Vergangenheit?

Welche besonderen Wünsche hast du dir und anderen bereits erfüllt?

Was oder wer hat die Wunschverwirklichung unterstützt?

Meine Träume

»Ihr seht und sagt: Warum? Aber ich träume und sage: Warum nicht?«
(George Bernard Shaw)

Der Traum wird in der Regel mit dem Träumen in der Nacht verbunden. Er besteht aus Vorstellungen, Bildern, Ereignissen und Erlebnissen. Im Traum sucht unsere Seele nach Lösungen und Auswegen aus seelischen Situationen. Der Traum ist eine besondere Form des Bewusstseins. Er ist umfassender und weitreichender als andere Formen und korrespondiert mit der Seele. Einen Traum zu haben, bedeutet, Ideale und Ziele zu besitzen.

Was bedeutet TRÄUMEN für dich?

Welche besonderen Träume hattest du in der Vergangenheit?

Welche Träume haben sich verwirklicht?

Was hat die Traumverwirklichung unterstützt?

Meine Visionen

Die Vision ist die Kraft, das Unsichtbare zu sehen. Sie ist das Herzstück einer jeden Mission, die wir hier auf der Erde umsetzen werden.

Eine Vision ist ein übernatürliches Erscheinungsbild, eine Vorstellung von etwas, was in der Zukunft liegt und was man in die Wirklichkeit bringen kann. Eine Vision ist eine mögliche Vorstellung von der Zukunft. Sie kann eine übernatürliche Erscheinung sein, die uns aus den höchsten Lichtebenen eingegeben wird. Sie kann plötzlich auftreten. Wir können uns durch die bewusste Ausrichtung für eine Vision öffnen. »Vision« stammt vom lateinischen Wort *videre,* das »sehen« bedeutet und von dem das französische Wort *vision* abgeleitet ist, das wiederum »Traum«, »Anblick«, »Erscheinung«, »zukünftige Entwicklung«, »zukünftiger erstrebenswerter Zustand« bedeutet. Für die Indianer sind Visionen prophetische Verbindungen zur Zukunft und der Dialog mit dem Schöpfer. Vision bedeutet Sammlung und die Besinnung auf die Natur und nach innen.

Was bedeutet VISION für dich?

Welche Visionen hattest du in der Vergangenheit?

Welche Visionen hast du in deinem Leben bereits umgesetzt?

Was oder wer hat geholfen, die Vision zu finden und zu verwirklichen?

Welche Ziele und Werte trägt deine Vision, für dich, für andere, für die Welt?

Kleine Bestandsaufnahme

Wünsche, Träume und Visionen, die sich in deinem Leben erfüllt haben:

Wünsche, Träume und Visionen, die in der Entwicklung sind:

Wünsche, Träume und Visionen, die geplatzt sind und die du jetzt loslassen kannst:

Wünsche, Träume und Visionen, die du neu in dein Leben ziehen und verwirklichen möchtest:

Jeder Gedanke, jedes Gefühl ist eine Schöpfung, ist schöpferische Kraft. Mit jedem Gedanken und jedem Gefühl informieren wir Licht, das sich wieder verflüchtigt, sich in der Welt spiegelt oder in die Form kommt. Die göttliche Kraft, die unser ist, ist frei, wir lenken und leiten sie in jedem Augenblick.

Die unterschiedlichen Wunscharten

Nimm dir Zeit, um deine Wünsche
zu untersuchen und zu überdenken.

Wünsche aus Kindertagen

Manche Wünsche stammen aus alter Zeit und sind längst überholt, aber immer noch aktiv. Oft wurden die Themen, die dann den Wunsch formen, unbewusst in der Kindheit verankert und sind noch wirksam.

Beispiel: Vielleicht hast du dir in der Kindheit Freunde gewünscht, weil du oft umgezogen bist. Mittlerweile hast du einen großen Freundeskreis, da du selbst dein Leben gestaltet hast, dennoch kann der Wunsch aus der Kindheit immer noch aktiv sein.

Beispiel: In deiner Familie war immer das Thema »geringe finanzielle Mittel« präsent, folglich hast du dir dieses Thema als Kind eingeprägt. Nun verdienst du aber selbst genug und hast es noch nicht bewusst realisiert.

Betrachte diese Themen und Wünsche, und gleiche sie mit der Gegenwart ab.

Was hast du dir als Kind am meisten gewünscht?

Affirmation:

»Der, der ich war, bin ich nicht mehr. Der, der ich bin, werde ich sein.« /
»Die, die ich war, bin ich nicht mehr. Die, die ich bin, werde ich sein.«

Was hast du dir in deinem Leben bereits erfüllt?

Immaterielle Wünsche

Zu den immateriellen Wünschen zählen Selbstbestimmung, Gesundheit, Wohlbefinden, Vitalität, mehr Zeit, mehr Freude am Leben, Liebe usw.

Welche immateriellen Wünsche hast du?

Wünsche nach besonderen Fähigkeiten

Zu diesen Fähigkeiten können besondere Gaben wie ein fotografisches Gedächtnis, Speedreading etc. zählen.

Welche besonderen Fähigkeiten oder Gaben hättest du gern?

Unrealistische Wünsche, die über das begrenzte Denken hinausgehen

Zu diesen Wünschen zählen Dinge wie, ohne zu sterben, singend und lachend auf die andere Seite zu gehen, wenn es so weit ist, ebenso wie, sich materialisieren und dematerialisieren zu können.

Welche deiner Wünsche gehen über die Grenzen deines Denkens hinaus?

Wünsche nach Fort- und Weiterbildung

Entwicklung hört niemals auf. Wir können immer noch dazulernen. Weiterbildung gehört deshalb für viele Menschen zu den wichtigsten Wünschen.

Welche Fähigkeiten möchtest du ausbauen? Was möchtest du lernen, studieren? Welche Kurse möchtest du besuchen?

Wünsche für andere

Was wünschst du anderen?

Wünsche für die Gemeinschaft

Was möchtest du stärker in die Gemeinschaft einbringen?

Die 100-Wünsche-Liste

Stelle dir vor, du hast 100 Wünsche und mehr frei. Nimm ein schönes Papier zur Hand, und notiere darauf eine Liste mit mindestens 100 Wünschen. Hinterlege die Liste anschließend in diesem Buch, wenn du das möchtest.

Zusammenfassung der aktuellen Wünsche für das neue Jahr nach Lebensbereichen

Persönlichkeitsentwicklung

Gesundheit/Vitalität/Fitness

Lebensfreude

Spiritualität

Fortbildung/Beruf/Berufung

Kunst/Künste/Kreativität (Singen, Malen, Tanzen, Musizieren etc.)

Inneres Kind

Familie

Partnerschaft

Gesellschaft

Finanzen

Reisen

Meine persönlichen Ziele und Wünsche

Geplatzte Wünsche und Träume

Nimm dir Zeit, Träume und Wünsche zu verabschieden, die gescheitert bzw. geplatzt sind, denn sie sind wie Splitter im System, die der Schöpferkraft Energie rauben.

Welche Wünsche und Träume sind geplatzt (Trennung, Tod, Schmerz, das gewünschte Ergebnis nicht erreicht, Kündigung ...)? Mache dir die geplatzten Träume und Wünsche bewusst:

Nun sei bereit, sie loszulassen. Gute Tage dafür sind SAMHAIN (31.10.), die WINTERSONNENWENDE (22.12.), der TAG DER UNSCHULDIGEN KINDER (28.12.) oder ein Tag, der für dich eine besondere Bedeutung hat, z. B. NIKOLAUS, ein besonderer Jahrestag ... Wähle deinen Tag/deine Rauhnacht, und mache das folgende Ritual, um deine geplatzten Wünsche und Träume zu verabschieden.

Ritual: Geplatzte Wünsche und Träume verabschieden

Das folgende kleine Ritual kannst du allein, mit Freunden oder in einer Gruppe durchführen. Dazu benötigst du:

- eine Kerze
- eine Räuchermischung zur Loslösung (z. B. Kampfer, Salbei, Weihrauch) oder eine Räuchermischung deiner Wahl
- ein Räuchergefäß, Räucherkohle und Feuerzeug
- schönes Papier, einen Stift, eine Schreibunterlage, eine feuerfeste Schale
- Wasser, Salz, Körperöl

Schreibe all deine geplatzten Wünsche und Träume auf je ein Blatt schönes Papier. Schreibe dazu, was du dir stattdessen gewünscht hättest und was deine Werte sind. Wenn du dieses Ritual mit Freunden machst, so tauscht euch aus, unterstützt euch gegenseitig. Wenn Tränen fließen, ist das völlig in Ordnung.
Ziehe einen Kreis um dich. Der Kreis beinhaltet alle Himmelsrichtungen und alle Elemente. Elemente bauen auf, und sie bauen ab.
Entzünde die Kerze, und schaue ein paar Minuten in die Flamme. Halte die Notizen an dein Herz. Lasse alles hochkommen, und atme es hinaus. Lasse es aus dir hinausfließen. Manchmal entsteht ein Gefühl, ein inneres Bild, wie wenn innerlich nun all die Scherben zusammengekehrt würden und die Energie wieder frei würde.
Entzünde die Räucherkohle und die Räuchermischung deiner Wahl in deinem Räuchergefäß. Räuchere dich ab bzw. räuchert euch gegenseitig ab, wenn ihr in der Gruppe seid, und schwenkt die Räuchermischung dann über den Papieren. Entzünde nun das Papier an der Kerze, und gib es mit der Räuchermischung in die feuerfeste Schale. Sieh, wie es sich auflöst und verbrennt. Nimm auf deine Weise die Wesen der Elemente wahr.

Hier ein paar mögliche Anrufungen, die du dazu sprechen kannst:
Luft: »Ihr Sylphen, nehmt hinfort, tragt hinauf, ich lasse los.«
Feuer: »Ihr Salamander, wandelt und löst, Speicher zu Staub, ich lasse los.«
Wasser: »Ihr Undinen, klärt und reinigt, in die Freude zurück, ich lasse los.«
Erde: »Ihr Gnome, löscht und löst, macht den Boden neu, es jetzt so sei.«

Stelle dir dabei vor, wie …
… dein Mentalkörper von alten Glaubenssätzen gereinigt wird,
… dein Energiekörper wieder hell wie das Licht strahlt,
… dein Emotionalkörper wieder rein und klar wie das Wasser fließt,
… dein physischer Körper wieder in der Heiligen Geometrie leuchtet,
… wie alle Körper in dir wieder ineinanderschwingen – rein, klar, ursprünglich.

Nimm etwas Salz in den Mund, sodass dein Energiefeld auch physisch gereinigt werden kann. Verbinde dich dann mit dem Licht der Quelle, gold-brillantem Licht, den Meistern, den Engeln, Mutter Maria, den lichten Kräften. Spüre, wie alle Wunden und Narben, alles, was noch Fürsorge und Trost in dir braucht, aufgeladen und gesalbt wird, sodass es jetzt heilen kann.
Vielleicht erhältst du die Botschaft aus der Geistigen Welt, dass auch physisch etwas getan werden darf, oder es kommt dir ein Gedanke in den Sinn wie z. B. entrümpeln und Platz in der Wohnung schaffen, Loslassen von Schmuckstücken, Dokumenten, Briefen und Papieren, Neuordnung, Neusortierung, etwas zurückgeben … Der Platz, den du schaffst, steht dir zur Verfügung, um Neues zu erleben.

Abschließend bedanke dich bei der Geistigen Welt, die dich allzeit führt und unterstützt und dir hilft, dein Energiefeld immer wieder zu klären. Vielleicht erhältst du noch eine Eingebung, einen Impuls, eine Inspiration.

Du kannst nach diesem kleinen Ritual noch ein Salzbad nehmen, wenn du magst, und dich mit deinen Lieblingsölen salben.

Eine Variante

Für diese Variante benötigst du:

- etwas Meersalz
- eine schöne Stelle an einem Fluss

Gehe an einen Fluss. Wähle einen Stein, der dich anspricht. Lege diesen Stein an dein Herz, und atme alles, was noch an Altem in dir gespeichert ist, in den Stein hinein. Du wirst bemerken, wie der Stein energetisch schwer wird. Bedanke dich beim Stein. Segne den Stein mit Meersalz, und übergib ihn dem Fluss, sodass alles bereinigt werden kann. Betrachte noch einen Moment das fließende Wasser.

Wie finde ich meine Vision?

»Alle Dinge beginnen mit einer Vision.
Sie haben ihren Ursprung in der Vision
und können dann in die Tat umgesetzt werden.«
(Indianische Weisheit)

Woher kommen Visionen, Ziele und Wünsche eigentlich? Wie entstehen sie? Was ist der Antrieb, was die Motivation? Wir alle tragen eine einzigartige Lichtcodierung in uns, wir haben bestimmte Fähigkeiten, Neigungen, Abneigungen und Vorlieben. Der Same unserer Lebensvision ist darin bereits angelegt. Ja, es gibt einen Plan der Entfaltung in uns, einen Plan, nach dem wir angetreten sind, unser innerstes Wesen, unsere Essenz. Es gilt, sie aufzuspüren, ihr Raum zu geben, damit sich der Plan entfalten kann.

Viele Wünsche, Träume und Ziele kommen nicht aus unserer Essenz, aus unserem Sein, sondern aus unseren Vorstellungen über die Welt, aus Mustern, die wir gespeichert haben, Begierden, die wir in uns tragen. Aus der Vorstellung, wir bräuchten etwas Materielles, um glücklich zu sein. Wir denken, wenn wir dies oder jenes hätten, seien wir glücklich. So haben viele Wünsche und Ziele einen doppelten Boden und eine verschlüsselte Botschaft, die wir genauer untersuchen sollten, bevor wir beginnen, goldene Samen zu säen.

MEDITATION:
Ein Platz für Visionen

Schaffe dir Freiraum in der Adventszeit, in der Zeit des Ankommens, um in der Stille mit dir selbst zu sein und deiner Vision, deinen ehrlichen Herzenswünschen, Raum zu geben. So nimm dir Zeit für dich selbst, komme bei dir an, öffne dich für deine Essenz, und lasse die Energie fließen. Lasse dich von deinem denkenden Verstand in den Raum deines Herzens sinken. Spüre in dein Herz. Du kannst dies verstärken, indem du deine Hände auf dein Herz legst.
Stelle dir vor, du erhebst dich im Geiste wie ein Adler in die Lüfte, und du siehst dein Leben von oben. Du kannst die Vergangenheit, die Zukunft, die Gegenwart von oben betrachten. Bereiche, die verschlossen sind, Bereiche, die du noch gar nicht entdeckt hast, Bereiche, die sich noch entfalten können, Potenzial und Schätze. Lasse dich in goldenen Spiralen hoch hinauftragen, sodass du dein ganzes Leben überschauen kannst, ewig und frei.
Du kommst an den Platz deiner Vision und landest. Es ist ein goldener Platz. Hier triffst du dein Hohes Selbst in Gestalt einer erleuchteten, weisen Person, die du sehr liebst. Frage sie nach deiner Aufgabe. Frage sie, wie du dem höchsten Licht dienen kannst. Bitte sie um eine klare Vision und deutliche Zeichen. Vielleicht übermittelt sie dir telepathisch eine Botschaft. Bedanke dich, und wisse, dass dein Wunsch angekommen ist und dass dein Hohes Selbst, das deinen Lebensplan kennt, dir eine Vision senden wird.
Langsam sinkst du in goldenen Spiralen wieder zurück, siehst dein Leben von oben. Vielleicht bemerkst du jetzt schon eine Veränderung. Vielleicht hat sich ein neuer Bereich aufgetan oder das Feld sich erweitert.

Lande wieder in deinem Zentrum, in deinem Sein, und komme wieder hier in dieser Realität an. Vielleicht wird dir die Vision gleich gewährt oder zu einem späteren Zeitpunkt in deinen Träumen oder über jemanden, der in dein Leben kommt.

Du kannst diese Meditation mehrmals wiederholen. Schreibe deine Erlebnisse auf einem extra Blatt Papier nieder, seien sie auch noch so klein. Manchmal liegt in dem geringsten Hinweis die größte Antwort, und notiere anschließend deine Vision.

Meine Vision

Jahresabschlussbilanz

Das Leben ist Veränderung. Verschaffe dir zunächst einen Überblick. Wo hältst du fest, wo führst du fort, und wo findet Veränderung statt? Manchmal verändern wir den Lebensverlauf, manchmal verändert er uns.

Welche Altlasten nimmst du aus der Vergangenheit mit in das neue Jahr? (Kredite, Verträge, Vertragslaufzeiten und Auflösungsmöglichkeiten)

Was wird im neuen Jahr fortgeführt? (Beruf, Kurse, Ausbildungen, Kinder: Paul kommt in die 2. Klasse/Emma macht ihr Abitur)

Welche Veränderungen und Abschlüsse stehen an?

Wo könnten sich Räume für neue Wege ergeben? (Reisen, Fortbildungen, Zielverwirklichung)

Wie kannst du mit Kummer, Schmerz, Trennung, Verlust und Tod umgehen? Manche Prozesse im Leben brauchen Zeit, da sie kostbar und tiefgehend waren. Erlaube dir diese Zeit. Halte Einkehr.

Nimm dir dennoch jeden Tag 5–30 Minuten Zeit für einen positiven weiteren Lebensverlauf, indem du dich auf die Schönheit, den Segen und das Glück fokussierst, die immer da sind. Nimm dir regelmäßig diese Auszeiten, in denen sich neue Energie aufbauen kann.

Was kannst du tun, um dich in dieser Zeit zu nähren, zu trösten und zu stärken?

Wie manifestiere ich überhaupt?

Man kann nicht nicht manifestieren, da jeder Gedanke, jedes Wort, jede Handlung, ob bewusst oder unbewusst, bereits ein Akt der Manifestation ist.

Die Erscheinungen in der physischen Welt sind nach außen projiziertes Bewusstsein. Gedanken und Gefühlsmuster bewegen Energie und Lichtströme, und diese erschaffen die Wirklichkeit, in der wir leben.

Die vier Stufen der Manifestation

1. Wunschvorstellung

Stelle dir deinen Wunsch, deine Vision, deinen Traum so klar wie möglich vor, er sollte:

- aufbauend sein,
- deinem Wohle und dem Wohle des Gesamten dienen,

- deine Anstrengung und deine Energie wert sein,
- aufrichtig und ehrlich sein,
- keine versteckten Gefühle auf Kosten anderer betreffen,
- dir selbst entspringen.

2. Lege deinen Plan schriftlich und bildlich nieder!

Fasse deinen Wunsch, deine Vision, deinen Traum in kurzen, klaren Worten zusammen, aus dem Herzen kommend. Durch die Aufzeichnung des Wunsches, der Vision, des Traums erschaffst du die erste Form in der sichtbaren, greifbaren Welt. Du kannst deinen Wunsch, deine Vision, deinen Traum auch in Bildform zusammenfassen durch eine Zielcollage mit Bildern, z. B. aus Zeitschriften. Dadurch fällt das Visualisieren leichter.

3. Visualisiere deinen Plan als vollendet!

Schließe deine Augen, und sieh deinen Wunsch, deine Vision, deinen Traum vollendet, im vollkommenen Zustand.

4. Lege deinen Plan neben dein Bett!

Lies deinen Wunsch, deine Vision, deinen Traum immer wieder durch, besonders vor dem Einschlafen. Versuche, das Bild des Wunsches während des Träumens hervorzurufen, so überträgst du es tief in dein Bewusstsein und in dein Unterbewusstsein, das in der Nacht mit göttlichen Kräften aufgeladen wird. Wichtig ist dabei, dem Unterbewusstsein, das alle Speicher in sich trägt, ein gutes Gefühl zu geben, damit es im Einklang mit dem Bewusstsein arbeiten kann.

Vor dem Einschlafen:

- Lies deinen Wunsch.
- Halte das innere Bild für einige Zeit aufrecht.
- Halte das Gefühl, das du hast, wenn der Wunsch sich erfüllt, für einige Zeit aufrecht.
- Dann lege deine Hände auf deinen Bauch. Kreise im Uhrzeigersinn um deine Bauchmitte, und stelle dir vor, wie goldenes Licht in deinen Bauch hineinströmt und ein wunderbares Wohlgefühl erzeugt. Dann lasse los.
- Beachte deine Träume. Sie können dir wertvolle Hinweise in jeder Richtung senden.

Hier ein paar Regeln, die das Manifestieren unterstützen:

- Mache dir bewusst: »Ich bin ein geistiges Wesen, das für eine gewisse Zeit eine menschliche Erfahrung macht, und kein Mensch, der ab und zu eine geistige Erfahrung macht. Als geistiges Wesen habe ich Zugang zu allen Ebenen und Dimensionen, auch zu denen, die mir heute noch nicht bewusst sind. Mir gehört das Himmelreich. Ich bin eins mit der Quelle. Ich bin ein Sohn, eine Tochter des Lichts. Ich kann das Licht des Himmels auf der Erde verwirklichen.«
- Wenn du mehrere Wünsche hast, so lege für jeden Wunsch einen extra Plan an.
- Schweige. Besprich das, was du anstrebst, mit niemandem. Sobald du es nach außen gibst, nimmst du andere bewusste und unbewusste Energien mit in das Geschehen auf, die diesen Prozess empfindlich stören könnten.
- Fühle dich eins mit der göttlichen Quelle, aus der du stammst.
- Erkenne keinen Zustand an, der geringer als die göttliche Ordnung ist.
- Wenn du einen Wunsch, einen Traum, eine Vision hast, so lasse dich vom Himmel führen, und manipuliere sie nicht, z. B. mit einem Liebeszauber für eine Person, die du kennst, Schadenszauber usw., denn damit erschaffst du Karma. Es fällt auf dich zurück. Wenn du dir einen Partner wünschst, so wird der Himmel dir eine Person senden, die für dich geschaffen ist.
- Konzentration und Fokussierung führen zur Lichtaufladung des Wunsches. Um das zu verdeutlichen, verwende ich gern das Beispiel einer Lupe: Die Lupe bündelt das Licht. Wenn du mit einer Lupe Feuer machen willst, so musst du sie so lange in das Sonnenlicht halten, bis das Holz, das Gras … Feuer gefangen hat. Es nützt nichts, wenn du die Lupe jeden Tag fünf Minuten in die Sonne hältst und dann erwartest, es würde irgendwann Feuer entstehen. So ist es auch mit einem Wunsch. Halte ihn so lange in das »göttliche Feuer«, bis er anfängt, zu brennen, dann kannst du loslassen, denn jetzt übernehmen die Kräfte des Kosmos.

Die goldenen Samen der Rauhnächte

Nachdem du dich ausgiebig mit deinen Wünschen und Visionen beschäftigt hast, bist du nun bereit, die goldenen Samen, die du in den Rauhnächten setzen möchtest, niederzuschreiben.

In den Rauhnächten geht es nur darum, die goldenen Samen zu säen. Es geht noch nicht um deren tatkräftige Umsetzung. Diese folgt danach zu ihrer Zeit.

Stimme dich auf das neue Jahr ein. Entzünde eine Kerze in der Farbe und Schwingung, die sich dir für das neue Jahr zeigt. Schaue ein paar Minuten in das Licht. Lege die Hände auf deinen Bauchnabel, und fühle in die Schwingung des neuen Jahres hinein.

Notiere nun die goldenen Samen, die du in den Rauhnächten säen möchtest.

Praktische VORBEREITUNG auf die Rauhnächte

Da jedes Jahr eine andere Schwingung hat und wir nicht zweimal in denselben Fluss einsteigen können, ist es wichtig, sich die kosmischen Aspekte für jedes Jahr genau anzusehen. Die Rauhnächte sind Losnächte. Das Wort »Los« steht in Zusammenhang mit »losen«, »vorhersagen«, was deutlich macht, dass die Rauhnächte besonders dazu geeignet sind, Prognosen für das kommende Jahr zu erstellen. Auf den nächsten Seiten führe ich dich Schritt für Schritt durch die Rauhnächte mit ihren jeweils besonderen Qualitäten.

Für alle Rauhnächte hat sich grundsätzlich Folgendes bewährt:

- Führe während dieser Zeit bitte unbedingt Tagebuch.*
- Notiere deine Traumerinnerungen oder das Gefühl, das dir morgens beim Aufwachen in Erinnerung ist.
- Ziehe jeden Morgen eine Karte aus deinem Lieblingsorakel.
- Zünde am Abend eine Kerze an, und lasse den Tag mit seinen Ereignissen Revue passieren.

Fragen, die du dir in Bezug auf deine Wünsche, Visionen und Träume stellen kannst:

- Wie war das Wetter?
- Wie war die Stimmung?
- Welche Menschen habe ich getroffen?
- Wer hat angerufen?
- Welche Post ist angekommen?
- Was ist mir an diesem Tag widerfahren?
- Was ist mir besonders aufgefallen?
- Welche Tiere sind mir begegnet, welche Zeichen, Botschaften habe ich erhalten?

Achte auf alles, was dir auffällt, auch auf Kleinigkeiten.

---

* Buchempfehlungen: Jeanne Ruland: »Mein Rauhnacht-Begleiter – Ein lichtvoller Begleiter durch die 12 heiligen Nächte«, Schirner Verlag 2016, und Jeanne Ruland: »Mein Rauhnacht-Tagebuch«, Schirner Verlag 2018.

Räuchern in den Rauhnächten

Du sollst nicht versäumen,
Krankenzimmer von Dämonen zu räumen.
Räuchere mit Salbei und Wacholder,
so verschwinden sie mit Holter und Gepolter.
Heilung wird geschehen – du wirst schon sehen.

Hier ein paar **gängige Räucherstoffe:**

Salbei hat eine starke feinstoffliche Reinigungskraft.
Kampfer löscht alte Informationen im Haus.
Angelikawurzel erhellt die Raumschwingung.
Weihrauch bringt Segen und erhöht die Energie.
Wacholder vertreibt alle negativen Einflüsse, Krankheitsgeister und Dämonen.
Myrrhe & Lavendel desinfizieren, klären und reinigen Räume, bringen Ruhe.
Myrte sorgt für Reinheit und Klarheit, bringt Frieden.
Thymian reinigt und stärkt die Energie der Räume.
Styrax gibt Wärme und Geborgenheit, öffnet für die Liebe.

Hier eine **kleine Räucherübersicht,** die dir in den Rauhnächten hilft, das richtige Räucherwerk zu finden. Folge deinem Wissen und deiner inneren Stimme.

Für innere Ruhe und Frieden: Kamille, Fenchel, Hopfen, Johanniskraut, Lavendel

Für gute Träume: Opoponax, Sandelholz, Zimtrinde, Styrax, Tonkabohne, Traumkraut, Lavendel

Zum Reinigen: Kampfer, Salbei, Pfefferminze, Minze, Beifuß, Drachenblut, Lavendel, Mastix, Menthol, Sandarak, Süßgras, Wacholderbeeren, Wacholderspitzen, Weihrauch, Weißer Salbei

Um Wünsche aufzuladen: Weihrauch, Moschuskörner, Zedernspitzen, Rosmarin

Für Heilung und Gesundheit: Palo Santo, Weihrauch, Salbei, Süßgras, Beifuß, Copal, Tonkabohne, Weißer Salbei, Zedernspitzen, Drachenblut, Guggul, Myrrhe

Für Schutz und Abwehr: Drachenblut, Wacholderbeeren, Weißer Salbei, Rosmarin, Kardamon, Lorbeerblätter, Nelke, Zimtrinde, Zedernholz

Für Erfolg und Wohlstand: Tonkabohne, Weihrauch, Drachenblut, Kalmuswurzel, Kardamon, Lorbeerblätter, Copal, Bernstein

Für Empfänglichkeit und Hellsichtigkeit: Copal, Goldcopal, Mastix, Weihrauch, Weißer Salbei, Palo Santo, Traumkraut, Beifuß, Angelikawurzel

Für die Liebe: Rosenblüten, Jasminblüten, Kakaoschalen, Labdanum, Moschus, Patchouli, Sandelholz, Tonkabohne, Styrax, Zimtrinde, Vanille, Rosenweihrauch, Iriswurzel, Benzoe Siam

Für Ruhe und Meditation: Weihrauch, Lavendel, Dammar, Elemi, Mastix, Weißer Salbei, Yerba Santa, Zedernspitzen, Angelikawurzel, Beifuß, Copal negro, Galbanum

Für Freude und Leichtigkeit: Lemongras, Orangenschale, Pfefferminze, Süßgras, Goldcopal, Fenchel, Lavendel, Jasmin, Neroli

Für Umsetzungskraft: Angelikawurzel, Ingwer, Kalmuswurzel, Rosmarin, Thymian, Yerba Santa, Zedernspitzen, Kampfer, Palo Santo, Sternanis, Zedernholz, Ingwer

Bei Kummer und Trauer: Copal, Weihrauch, Styrax, Tolubalsam, Iriswurzel, Dammar, Alantwurzel, Benzoe Siam, Jasminblüte, Neroli, Angelikawurzel, Johanniskraut, Lavendel

Für die Wunscherfüllung: Weihrauch, Rosenblüten, Goldcopal, Bernstein, Copal, Palo Santo, Süßgras

Für Träume und Visionen: Wacholder, Thymian, Rosmarin, Weihrauch, Beifuß, Weißer Salbei, Menthol, Kampfer, Angelikawurzel

TIPP: Vor dem Räuchern sprich ein Gebet,
und lade die Geistige Welt ein.

Möge alles Dunkle, alles, was uns nicht mehr dient,
aus den Räumen jetzt verschwinden.
Wir laden die Liebe und das Segenslicht ein.
Möge der Raum in einem neuen, frischen, leuchtenden Glanz erstrahlen
und uns Frieden, Ruhe und Kraft schenken. Danke.

TIPP: Versprühe nach dem Räuchern einen angenehmen
Duft oder einfach Quellwasser. Wasser bindet den Rauch und
klärt schneller die Atmosphäre.

Die Planeten-, die Tages- und die Zahlenschwingung

Die Planetenschwingung für das kommende Jahr findet sich im Hundertjährigen Kalender. Sie beginnt jeweils am 21. März eines Jahres.

Jeder Planet hat eine ganz eigene Schwingung und damit verbundene Themen, die sich in dem jeweiligen Jahr bemerkbar machen.

Merkur – Kommunikation, Klarheit, Intellekt, Idealismus, Urteilskraft, Auffassungsgabe, Weisheit
Mond – Zyklus, Rhythmus, Intuition, Eingebung, Träume, neue Wege
Saturn – Ordnung, Klarheit, Disziplin, Ausdauer, Fleiß, Treue
Jupiter – Glück, Wachstum, Erfolg, Geschäft
Mars – Kraft, Energie, Mut, Einsatz, Umsetzungskraft
Sonne – Licht, Rückverbindung, Segen
Venus – Balance, Gleichgewicht, Liebe, Selbstliebe

Die Tabelle zeigt die Jahresregenten für die Jahre 2019 bis 2053.

Merkur	2019	2026	2033	2040	2047
Mond	2020	2027	2034	2041	2048
Saturn	2021	2028	2035	2042	2049
Jupiter	2022	2029	2036	2043	2050
Mars	2023	2030	2037	2044	2051
Sonne	2024	2031	2038	2045	2052
Venus	2025	2032	2039	2046	2053

Am Jahresregenten für das kommende Jahr lässt sich einiges ablesen.

Beispiel: MOND

Silber, Träume, Intuition, Zyklen, Rhythmen, Mutterthemen

Der Mond hat Auswirkungen auf das Seelenleben. Erzengel Gabriel ist der Hüter der Mondsphäre. Er verkündet das neue Werden und verweist auf den Schutz und die Führung des Himmels. Wege, die zuvor noch nie gegangen wurden, können nun aus dem Herzen heraus gegangen werden. So verkündete Gabriel Mutter Maria die Schwangerschaft, Mohamed die Botschaften des Koran usw. Seine Worte lauten: »Fürchte dich nicht.« Fürchte dich nicht, neue Wege aus dem Inneren, dem Ruf deines Herzens zu gehen, du bist göttlich geführt.

Jahresregent für das kommende Jahr:

Planet/Schwingung/Themen:

Welche Themen verbindest du persönlich mit dem Jahresregenten für das kommende Jahr?

Die Mondzyklen

Wir können jederzeit etwas erschaffen, da die Schöpferkraft allzeit in uns wirkt. Wenn wir jedoch im Einklang mit der Natur wirken, so erhalten wir Rückenwind und werden vom Kosmos getragen und unterstützt. Die Mondphasen können die Materialisation, Wunscherfüllung und Lösung sowie Auflösung von unerwünschten Energien unterstützen.

Man sagt, es dauert 21–28 Tage, bis wir ein neues Muster vollständig aktiviert oder ein altes Muster vollständig deaktiviert haben – also einen Mondzyklus lang.

Der Mondzyklus spielt bei der Manifestation und bei der Lösung von alten Energien eine große Rolle. Er wiederholt sich in jedem Monat von Neuem. Er baut Kräfte auf, schwingt sie hinauf bis in ihre vollste Kraft, er baut Kräfte ab und löst sie wieder in die geistigen Ebenen hinein. Während des zunehmenden Mondes arbeiten wir daran, Neues zu erschaffen, aufzubauen und zur Blüte zu bringen. Themen sind »Wachstum«, »Stärke«, »Aufbau«, »Entfaltung«. Während des abnehmenden Mondes können wir Themen wie »Loslassen«, »Entgiftung«, »Reinigung«, »Vergehen« und »Sterben« bearbeiten. Es gibt die unterschiedlichsten Wege und Rituale für die Mondphasen.

Der Engel des Mondes ist Erzengel Gabriel. Er ist der Verkünder des Neuen und erscheint immer dann, wenn neue Wege gegangen werden sollen. Seine Botschaft lautet: »Gehe den Weg, der für dich bestimmt ist. Fürchte dich nicht! Der Himmel führt.«

Neumond – Neubeginn – Vision setzen

Zunehmender Sichelmond – Wachstum – Vision ausbauen

Zunehmender Halbmond – Balance – Vision harmonisieren

Zunehmender Dreiviertelmond – Energiezuwachs – Vision ausdehnen

Vollmond – Höhepunkt und Wechsel – Vision aufladen

Abnehmender Dreiviertelmond – Abbau, Ausscheidung, Loslassen – Vision in das Universum abgeben

Abnehmender Halbmond – Balance – Vertrauen

Abnehmender Sichelmond – Lösung, Schnitt, alte Muster reinigen, Störungen und Hindernisse in Form von Glaubenssätzen und Überzeugungen reinigen

Neumond: Jungfrauaspekt/Freiheit und Fülle
Zeit: von Neumond an bis 3,5 Tage danach
Tätigkeiten: Anrufungen, Neubeginn, sich öffnen, Samen säen, an diesem Tag kann Neues beginnen.
Längeres Wirken von Neumond bis Vollmond: Beruf, Liebe, Gesundheit, Wohlstand, Wachstum

Zunehmender Mond: Frau – Mann/Schöpferkraft
Zeit: von Neumond bis Vollmond, ca. 14 Tage
Tätigkeiten: Aktion, neue Projekte, Ideen, Inspiration, Energie, Vitalität, Freiheit, Dingen eine Form geben, Liebe, Erfolg, Gesundheit, Wohlstand, Freundschaft, Glück, Weiterentwicklung, Arbeit/Job, Emotionen, Mut, Freunde, Glück, Motivation, Geduld, Frieden und Harmonie, Manifestation des Glücks

Vollmond: Mutter – Vater/nährende, schützende Kraft und Stärke
Zeit: 14–17,5 Tage nach Neumond
Tätigkeiten: Raum geben, Vollendung, hegen, pflegen, nähren, zu Ende führen, Heilung, Stärke, Heim, Zentrum, Kreativität, Schutz, Kraft, Liebe, Wissen, Job, Geld und Träume.
Die Energie 1,5 Tage vor und nach Vollmond kann zur Vollmondenergie gezählt werden.

Abnehmender Mond: die Weisen/Neuzentrierung
Zeit: von Vollmond zu Neumond, ca. 14 Tage
Tätigkeiten: Prioritäten setzen, Entscheidungen treffen, beenden, trennen, lösen, entgiften, entschlacken, Neubewertung, Reinigung, Umwandlung von negativen Energien, geistige Fähigkeiten, Gesundheit, Dinge werden neu zentriert

Neumond: Ahnen und Lichtwesen/Ruhe und Innenschau
Zeit: ca. 10,5 bis 14 Tage nach Vollmond
Tätigkeiten: Einkehr, Schnitt, verabschieden, neue Samen säen, lösen von Anhaftungen und Süchten, Rückverbindung, Sterne, Ahnen, Geistige Welt, empfangen

Notiere an jedem Rauhnachttag den Mondstand, z. B. »Vollmond im Löwen/ Element Feuer/Alles geschieht in auf- und abbauenden Zyklen und Kreisen«.

Beispiel aus den Rauhnächten 2019:

1. Rauhnacht abnehmender Mond im Schützen – das Ziel vor Augen sehen Vorbereitung auf den Neumond: Was will ich säen? Was will ich neu setzen? Kern, Samen erschaffen.

2. Rauhnacht Neumond im Steinbock – den neuen Impuls setzen

3. Rauhnacht zunehmender Mond im Steinbock – stabiler Energiezuwachs

4. Rauhnacht zunehmender Mond im Wassermann – sich für größere Sichtweisen öffnen

usw.

Die Tagesschwingung

Auf welchen Wochentag fällt die jeweilige Rauhnacht?

Sonntag Tag der Sonne – Bewusstsein, Erkenntnis, Segen

Montag Tag des Mondes – Intuition, Wachstum, Innenschau

Dienstag Tag des Mars – Durchsetzungskraft, Mut, Umsetzung

Mittwoch Tag des Merkurs – Kommunikation, Austausch, Klärung

Donnerstag Tag des Jupiters – Vision, Expansion, Reichtum

Freitag Tag der Venus – Liebe, Selbstliebe, Mitgefühl

Samstag Tag des Saturns – Ruhe, Ordnung, Struktur

Die Zahlenschwingungen

Zahlenschwingungen sind Lichtcodierungen. Errechne die Quersumme aus den einzelnen Ziffern des jeweiligen Datums, z. B. 21.12.2019 = 18 = 9: Vollendung. Besondere Zahlenkombinationen wie z. B. 21.12.2021 weisen oft auf Portale in höhere Welten hin.

Anmerkung: Es gibt Momente, da fallen uns Zahlen und Tage ins Auge, dann haben sie eine Bedeutung. Und es gibt Momente, da sind sie für uns nicht von Bedeutung. Folge dem Flow.

Zählweisen für die Vorausschau

Eine Rauhnacht wird immer von Mitternacht bis Mitternacht, also von 0 bis 24 Uhr, gerechnet. Es gibt zwei Arten der Vorausschau für das neue Jahr. Bei der ersten stehen jeweils zwei Stunden einer Rauhnacht für einen Monat des nächsten Jahres:

- 0.00–2.00 Uhr für Januar
- 2.00–4.00 Uhr für Februar
- 4.00–6.00 Uhr für März
- 6.00–8.00 Uhr für April
- 8.00–10.00 Uhr für Mai
- 10.00–12.00 Uhr für Juni
- 12.00–14.00 Uhr für Juli
- 14.00–16.00 Uhr für August
- 16.00–18.00 Uhr für September
- 18.00–20.00 Uhr für Oktober
- 20.00–22.00 Uhr für November
- 22.00–24.00 Uhr für Dezember

Bei der zweiten Art der Vorausschau steht eine Rauhnacht für einen Monat im neuen Jahr. Diese Zählweise verwenden wir im weiteren Verlauf des Buches.

- 1. Rauhnacht für Januar
- 2. Rauhnacht für Februar
- 3. Rauhnacht für März
- 4. Rauhnacht für April
- 5. Rauhnacht für Mai
- 6. Rauhnacht für Juni
- 7. Rauhnacht für Juli
- 8. Rauhnacht für August
- 9. Rauhnacht für September
- 10. Rauhnacht für Oktober
- 11. Rauhnacht für November
- 12. Rauhnacht für Dezember

Übersicht über die Rauhnächte

Mit einer Übersicht lassen sich die Rauhnächte besser planen, z. B. Mondphasen, Räuchertage, Termine, Geburtstage in den Rauhnächten, Zeit und Raum für Stille und Manifestation. Im Folgenden hast du Platz, um die wichtigsten Termine vorab zu notieren.

1. Rauhnacht 24./25. Dezember – Monat: Januar

2. Rauhnacht 25./26. Dezember – Monat: Februar

3. Rauhnacht 26./27. Dezember – Monat: März

4. Rauhnacht 27./28. Dezember – Monat: April

5. Rauhnacht 28./29. Dezember – Monat: Mai

6. Rauhnacht 29./30. Dezember – Monat: Juni

7. Rauhnacht 30./31. Dezember – Monat: Juli

8. Rauhnacht 31. Dezember/1. Januar – Monat: August

9. Rauhnacht 1./2. Januar – Monat: September

10. Rauhnacht 2./3. Januar – Monat: Oktober

11. Rauhnacht 3./4. Januar – Monat: November

12. Rauhnacht 4./5. Januar – Monat: Dezember

13. Rauhnacht 5./6. Januar – Nacht der Wunder/Essenz

Vorbereitung auf die Verwirklichung deiner Wünsche

Du hast dich nun auf das neue Jahr eingestimmt, hast deine Wünsche und Visionen überprüft und bist so weit, für jede Rauhnacht die entsprechenden goldenen Samen und Impulse zu setzen.

Alles, was du säst, wirst du ernten.
Man kann nur ernten, was man gesät hat.
Also säe, was du ernten möchtest.

Was möchtest du säen? Zünde eine Kerze an, und nimm dir Zeit, hier intuitiv aufzuschreiben, welche kraftvollen Impulse du für das kommende Jahr säen möchtest.

Januar

Februar

März

April

Mai

Juni

Juli

August

September

Oktober

November

Dezember

Nacht für Nacht durch die RAUHNÄCHTE

»Vergiss deine Träume nicht,
wenn die Nacht wieder über dir hereinbricht
und die Dunkelheit dich gefangen zu nehmen droht.
Noch ist nicht alles verloren.

Deine Träume und deine Sehnsüchte tragen Bilder der Hoffnung in sich.
Deine Seele weiß, dass in der Tiefe Heilung schlummert
und bald in dir der Tag erwacht.

Ich wünsche dir,
dass du die Zeiten der Einsamkeit nicht als versäumtes Leben erfährst,
sondern dass du beim Hineinhorchen in dich selbst
noch Unerschlossenes in dir entdeckst.

Ich wünsche dir, dass du sehen kannst, was dir an Schönem gelingt.
Ich wünsche dir, dass du fühlen kannst,
was aus den Träumen deiner Seele zu dir dringt.
Ich wünsche dir, dass du dein Leben glückwärts wählst
und auf den Sternenspuren leicht und froh durchs Leben gehst
und die goldenen Samen säst.«

(Irischer Segen)

21. DEZEMBER

Julnacht/Thomasnacht/ Wintersonnenwende

»Wandern wir in der Tiefe der Nacht,
kommt, Visionen, erwacht.
Träume geboren aus eigner Macht,
wir weben die Welt heute Nacht.«
(Schwitzhüttenlied)

Was du für diesen Tag brauchst:

- Salz, Räucherwerk für Reinigung/Visionen
- eine neue Kerze
- 13 Kristalle, symbolisch für den Jahressamen, oder 13 Samen und Blumenerde (Bohnensamen wären empfehlenswert, doch folge deinem Impuls) oder 13 Zettel und 1 Stift
- Orakel (z. B. Runen, Karten, Steine)
- Christbaumkugeln und 1 Stift, um sie zu beschriften

Die Nacht des 21. Dezembers ist die längste Nacht des Jahres. In der Tiefe dieser Nacht wird das Licht neu geboren. Es ist eine Wendenacht in das Licht.

Die MAGISCHE ZEIT beginnt: Heute ist die Nacht der Visionen, die Nacht des neuen Lichts. Alle Handlungen, Zeichen, Ereignisse in der heutigen Nacht haben eine übergeordnete Kraft, die das ganze neue Jahr durchdringt.

Tagesqualität & Mondphase:
(z. B. Neumond, Halbmond, Wetter, windig, erdend, in die Tiefe gehend, nach oben erhebend, Elemente)

Räuchere und **reinige** deine Wohnstätte, mache sie bereit für das neue Licht. Wenn du sie gereinigt hast, so streue in die äußeren vier Ecken etwas Salz. Damit baust du einen heiligen Raum auf.

Die Magie der Julnacht liegt im Abend und in der Nacht. Du kannst heute eine Jahresrune ziehen oder eine Jahreskarte aus einem Orakel.

Deine Jahresrune/deine Jahreskarte:

Entzünde bewusst eine neue Kerze für das neue Jahr. Betrachte eine Zeit lang die Flamme, und rufe dir deine Vision für das neue Jahr vor Augen, die du zu Beginn dieses Buches (S. 7) oder im letzten Kapitel (S. 42) niedergeschrieben hast.

Heute ist eine geeignete Nacht, um gute Wünsche für sich und andere zu verankern. Im Folgenden findest du zwei Julnachtrituale dafür:

Ritual: 13 Wünsche

In Vorbereitung auf die Rauhnächte schreibe 13 Wünsche, die du im neuen Jahr verwirklichen möchtest, auf jeweils einen Zettel. Oder gib diese Wünsche in die 13 Kristalle oder in die 13 Samen. Halte den jeweiligen Kristall oder Samen dafür in deiner linken Hand. Konzentriere dich auf deinen Wunsch, und lasse die Energie über dein Herz in diese Hand und von dort in den Kristall oder Samen fließen.

In den kommenden Rauhnächten säst du jeweils einen Wunsch in Form eines Zettels, Kristalls oder Samens, den du immer am Abend mit einem kleinen Segen in die Erde gibst. Nimm dir dafür am Abend, in jedem Fall noch vor Mitternacht, Zeit. Mache dir noch einmal bewusst: Was möchte ich heute säen? Lade deinen Gegenstand auf, und gib ihn mit einem Impuls in die Erde. Nimm ihn dazu in die linke Hand, die rechte Hand zeigt nach oben. Konzentriere dich auf dein Herz und auf den Impuls, den du in den Gegenstand leiten möchtest. Atme ein und aus, und sende das Licht in den Gegenstand in der linken Hand. Dann kannst du ihn in die Erde geben als Zeichen dafür, ihn der Schöpfung zu übergeben, einen Lichtsamen zu säen.

Ritual:
Christbaumkugeln mit guten Wünschen versehen

Ein wunderbarer Brauch ist es, für dich selbst und jeden, den du liebst, eine Christbaumkugel mit goldenen Wünschen zu versehen. Du kannst für jedes Familienmitglied eine Christbaumkugel in der passenden Farbe, Form und Energie wählen. Schreibe den Namen der Person darauf und einen Wunsch. Halte die Christbaumkugel für einen Moment an dein Herz. Denke an die Person und den Wunsch, den du ihr überreichen möchtest. Atme ihn mit einem Atemzug über das Herz in die Christbaumkugel. Diese verschenkst du bis zum 24.12. oder hängst sie an den Weihnachtsbaum, um sie an Heiligabend zu verschenken.

Christbaumkugeln, die mit guten Wünschen versehen sind, leuchten besonders am Weihnachtsbaum. Sie erfreuen und erwärmen Herz und Seele.

21. DEZEMBER BIS 24. DEZEMBER

Zeitraum der Wende – meine Vision

Der Weg ist das Ziel im Abenteuer Lebensgestaltung.

Nutze die Zeit zwischen dem 21.12. und dem 24.12., um deine Vision zu skizzieren und ihr eine Form zu geben. Setze einen neuen Impuls, und gib deiner Vision Zeit, Gestalt anzunehmen. Was möchtest du wirklich? Träume, sei frei, lasse deinen Gedanken, Gefühlen und deiner Vorstellungskraft freien Lauf. Deine Vision darf sich verändern, verworfen und neu geschrieben werden, Ecken und Kanten haben und mit dir wachsen. Habe Spaß dabei. Denke an das, was dich glücklich macht, womit du dir und anderen etwas Gutes tun kannst, was diese Welt zu einem besseren Ort werden lässt und einen größeren Sinn erfüllt. Das Universum unterstützt dich, wenn du an dich und deine Ideen glaubst. Du kannst weit über dich hinauswachsen. Lasse deine Vision Gestalt annehmen. Gib ihr einen Namen, ein Symbol, ein Wiedererkennungszeichen.

Was ist deine Idee? Was ist dein erster Impuls?

Was sind deine Ideale? Was sind deine Werte?

Warum ist deine VISION wichtig für die Welt? Welche Werte und Ziele trägt deine Vision in sich?

Was steht im Vordergrund?

Was ist alles mit deiner Vision verbunden?

Was und wen möchtest du mit deiner Vision erreichen?

Was und wer kann dich unterstützen?

Wo willst du in 5 bis 10 Jahren stehen?

Frage dich auch: Wie kann ich dem Licht und dem Leben dienen, was will das Leben von mir? Deine Zukunft ist ein leeres Blatt Papier, auf dem du alles gestalten kannst. Es gibt keine Grenzen. Beginne JETZT! Schreibe deine Vision ins Zentrum der leeren Seite. Erstelle deine Visionsskizze bis zum 24. Dezember. Wenn du diese Übung in der Familie oder mit Freunden umsetzt, so legt alle neuen Visionen unter den Weihnachtsbaum.

24. DEZEMBER

Weih(e)-Nacht, Heiligabend

ZEIT, sich zu besinnen
und DANKE zu sagen.

Heute ist ein guter Zeitpunkt, sich für die Ankunft des neuen Lichts bereit zu machen, indem man die Wohnung aufräumt, eventuell räuchert und alles festlich schmückt. Besondere Speisen werden vorbereitet, auch für die Tiere und Naturwesen. Am Abend kann man in den Gottesdienst gehen oder eine kleine Dankeszeremonie abhalten, indem man auf das Jahr zurückschaut und es reflektiert. Danke für die guten Gaben, fühle den Segen in deinem Leben, und feiere das, was im vergangenen Jahr gut und schön war.

Tagesqualität & Mondphase:

Räuchere und **reinige** deine Wohnstätte, mache sie bereit für das neue Licht. Wenn du sie gereinigt hast, so streue in die äußeren vier Ecken etwas Salz. Damit baust du einen heiligen Raum auf.

Ritual:
Segen der Vision

Deine Vision ist das neue Licht in der Krippe, die du heute segnen und feiern kannst. Sie ist das größte Geschenk, das du dir und der Welt machen kannst. Lege deine Vision unter den Weihnachtsbaum, oder zünde dafür eine Kerze an. Danke dem Licht in dir und dem göttlichen Licht in allem Sein dafür, dass es dir diese Vision geschenkt hat. Bitte darum, dass deine Vision mit Segen und Licht aufgeladen wird.

»Gott (Vater, Mutter und Kind in einem), göttliche Gegenwart, ich danke dir heute für die Geburt des goldenen Lichts. Ich danke für all das, was an Segnungen und neuen Impulsen durch mich in die Welt kommen darf. Ich danke für die Eingebungen, für das Getragensein und für die lichtvolle Begleitung aus der Geistigen Welt und dafür, dass ich mit der Hilfe des höchsten Lichts in mir alles im höchsten Sinne umsetzen und verwirklichen kann. Möge das Licht Segen sein, zu meinem Wohle und zum Wohle des Gesamten im Einklang mit dem Höchsten. Ich bitte um meisterliche und himmlische Führung auf allen Wegen der Verwirklichung. Amen in Liebe.«

Spüre, wie der Segen in deine Vision fließt. Vielleicht nimmst du die Gegenwart der Meister und Meisterinnen des Lichts wahr, die dich auf deinem Weg führen. Es kann sein, dass sie dir in der Stille etwas telepathisch übermitteln, dich segnen oder dich ermutigen.

Schreibe hier nieder, wer dich auf geistiger Ebene bei der Umsetzung deiner Vision führt:

....

....

1. Rauhnacht – 24./25. Dezember

In dieser RAUHNACHT setzt du den Samen für deine VISION.

25. Dezember
1. Weihnachtsfeiertag
Namenstag: Anastasia
Monat: Januar
Thema: Basis – Grundlage

Der Name Anastasia bedeutet »die Auferstehende«.
Erhebe dich aus der Dunkelheit in das Licht.

Heute ist der »Visionskerntag«. Jede physische Form hat einen Kern, hat einen Samen, aus dem heraus sie erwächst.

Traum der Nacht/Stimmung am Morgen:

Tagesqualität & Mondphase:

Orakelkarte:

Besondere Ereignisse:

IMPULS:
Dein Visionskern

Nimm dir heute Zeit, das »Daueratom«, den Kern deiner Vision, zu erschaffen. Mache dir bewusst: Weder das Atmen noch das Wachsen oder irgendein anderer Lebensprozess kommt zufällig zustande. Das Universum reagiert auf die Lenkung und Bündelung des Lichts, durch das Neues verwirklicht werden kann.

- Entzünde eine Kerze.
- Schaue dir noch einmal deine Skizzen, deine Aufzeichnungen deiner Vision an. Gegebenenfalls überarbeite sie. Vielleicht sind neue Impulse dazugekommen.
- Stelle dir deine Vision vor. Konzentriere dich auf den Kern/die Essenz deiner Vision.

- Wie sieht der Kern aus? Welche Farbe hat er? Wie schwingt er?
- Welches Zeichen, welche Prägung ist im Innersten des Kerns?

Nun konzentriere dich eine Zeit lang auf den Kern deiner Vision. Das Daueratom ist der Kern, die zusammenziehende Kraft, die alles aus dem Äther in die physische Form bringen kann, wenn sie gut aufgeladen ist.
Genieße es, und lasse dir Zeit, deinen Visionskern zu erschaffen, der kontinuierlich Energie aus dem Universum anzieht. Er wird synchrone Ereignisse schaffen und dich mit Menschen und Dingen zusammenführen, die der Verwirklichung deiner Vision dienlich sind.

Wenn du magst, schreibe dir hier deine Bilder, Gedanken zu und Erfahrungen mit dem Kern deiner Vision auf.

Deine Visionsessenz/mein Visionskern:

Was möchtest du im Monat Januar verwirklichen?

Samen säen (siehe Ritual »13 Wünsche«, S. 80):

Kleine Tagesrückschau:

2. Rauhnacht – 25./26. Dezember

In dieser RAUHNACHT empfängst du den Segen der höchsten Ebenen für deine VISION.

26. Dezember
2. Weihnachtsfeiertag
Namenstag: Stephan
Monat: Februar
Thema: Höheres Selbst – Innere Führung

Die Quelle ist in dir. Dieser Feiertag ist der Anbindung an deine eigene höhere Natur gewidmet. Daher ist es heute an der Zeit, dich mit deinem Höheren Selbst zu verbinden.

Traum der Nacht/Stimmung am Morgen:

Tagesqualität & Mondphase:

Orakelkarte:

Besondere Ereignisse:

MEDITATION:
Verbindung mit dem Höheren Selbst

Vorbereitung:
Wähle einen Platz, an dem du ungestört bist. Lasse ruhige Musik laufen, die dich unterstützt und trägt. Umgib dich mit einem angenehmen Duft, und wenn du magst, entzünde eine Kerze.

Einstimmung:
Atme langsam, und konzentriere dich auf deine Atmung. Mit dem Einatmen nimmst du brillant-diamantenes Licht auf. Mit dem Ausatmen verteilst du das brillant-diamentene Licht um dich herum. Sieh dich eingehüllt in eine wunderschöne Säule aus Licht aus dem Einheitsfeld.
Lasse dich aus deinem denkenden Verstand über den Hals in den Raum deines Herzens sinken. Bewege dich immer tiefer in deinen inneren Raum hinein, an einen Platz, an dem du vollkommen sicher und geborgen bist. Du vernimmst Vogelgezwitscher, Wohlgerüche, in der Fer-

ne das verlockende, fröhliche Plätschern einer Quelle. Du näherst dich langsam der wunderschönen Quelle, deren Wasser in allen Regenbogenfarben leuchtet. Du nimmst ein Bad in der Quelle. Alles, was du in deinem Energiekleid an Sorgen, Zweifeln, Ängsten und Nöten trägst, wird gereinigt und weggespült, bis du leicht, frei, weit und in vollkommener Harmonie mit dir selbst bist. Erfrischt, gereinigt und erquickt folgst du dem Weg weiter in die wunderschöne Natur. Der Weg trägt dich in dein Zentrum.

In Kontakt mit dem Hohen Selbst:

Je näher du deinem Zentrum kommst, desto weiter dehnst du dich in deine wahre Größe und in dein ganzes Licht aus. Im Zentrum sind Frieden, Liebe, Ruhe und Freude. Sie ziehen dich in einer Lichtsäule langsam nach oben. Höher und höher hinauf. Du kommst auf einer wunderschönen Lichtebene an. Alles um dich herum strahlt und leuchtet. Du nimmst deine Umgebung wahr: Blumen, Düfte, Wege, Bäume und einen goldenen Pfad, der dich auf einen Berg hinaufführt zu einem wunderschönen Tempel. Dieser verströmt ein sanftes Licht, vollkommene Geborgenheit und eine Liebe, die nicht von dieser Welt ist. In diesem Tempel wartet bereits dein Hohes Selbst in einer dir vertrauten Gestalt auf dich. Liebe umströmt dich und hüllt dich ein.

Segnen der Vision:

Du schaust in die gütigen Augen der Lichtgestalt deines Hohen Selbst. Hier hast du nun Zeit, deine Visionen vorzutragen, telepathisch zu kommunizieren, Heilung zu erfahren oder einen wichtigen Rat zu bekommen. Ein reines, weises Licht leuchtet dir entgegen. Du trittst in das Licht ein, und das reinste, pure Licht durchdringt dich in der Wahrhaftigkeit und Einheit des Seins.

Nacheinander kommen Lichtwesen zu dir:
Ein Lichtwesen der Luft, das deine Vision segnet.
Ein Lichtwesen des Feuers, das deine Vision auflädt.
Ein Lichtwesen des Wassers, das deine Vision in den Flow bringt.
Ein Lichtwesen der Erde, das deiner Vision Kraft verleiht.

Ein Lichtwesen des Äthers, das deine Vision im Licht versiegelt.
Ein Lichtwesen, das diese Vision behütet.
Es geschieht hier das, was für dich und deine Vision richtig ist.

Von hier aus wird jetzt alles mit den höchsten Ebenen des Lichts synchronisiert. Bedanke dich für alles, was jetzt geschehen konnte und was du erfahren hast. Verabschiede dich mit all deinem Segen. Gehe den Weg zurück, den du gekommen bist. Langsam geht es in einer Lichtspirale abwärts. Du gelangst wieder in dein Zentrum. Du verankerst die Lichtgeschenke mit einem Atemzug und beobachtest die innere Veränderung (Weite, Helligkeit, neue Räume, neue Felder …).

Rückkehr:
Ganz in deiner Zeit öffnest du deine Augen. Du bist von Licht und Liebe erfüllt. Genieße noch ein paar Minuten das eben Erlebte.

Raum für deine Vision:

Schreibe die Segnungen des Hohen Selbst und der Elemente in ihrer höchsten Form auf:

Samen säen (siehe Ritual »13 Wünsche«, S. 80):

Kleine Tagesrückschau:

3. Rauhnacht – 26./27. Dezember

In dieser RAUHNACHT kommt deine VISION in die Tat.

27. Dezember
Namenstag: Johannes
Monat: März
Thema: Lasse Wunder in deinem Leben zu – Herzöffnung

Der Name Johannes bedeutet »Gnade Gottes« oder »Gott hat Gnade erwiesen«.

Traum der Nacht/Stimmung am Morgen:

....

....

....

....

Tagesqualität & Mondphase:

....

....

Orakelkarte:

Besondere Ereignisse:

ÜBUNG: MEINE VISIONSTAT

Dieser Tag steht für den März. Er ist der Monat, in dem die Natur sich zum Durchbruch bereit macht und sich erneuert. Beginne heute symbolisch mit einer Visionstat. Es gibt viele Möglichkeiten, dies zu tun.

- Entwirf ein erstes Logo für etwas.
- Überlege dir einen Namen für dein Projekt.
- Sichere dir eine Domain im Internet.
- Schreibe erste Zeilen von einem Gedicht, einem Buch etc.
- Wenn du ein Kartendeck in die Welt bringen möchtest, so erstelle die erste Karte.

Welchen ersten Schritt kannst du machen? Welchen ersten Schritt möchtest du machen?

Samen säen (siehe Ritual »13 Wünsche«, S. 80):

Kleine Tagesrückschau:

4. Rauhnacht – 27./28. Dezember

In dieser RAUHNACHT bereinigst und klärst du deine VISION.

28. Dezember
Tag der unschuldigen Kinder, Tag der Heiligen
Monat: April
Thema: Auflösung

In der Heiligen Schrift ist überliefert, dass König Herodes den Mord an allen Kleinkindern im Land veranlasste, weil er im neugeborenen Sohn Gottes einen Rivalen sah und diesen töten wollte. Viele unschuldige Kinder mussten in diesen Tagen ihr Leben lassen. Symbolisch steht dieses Ereignis für das Alte, das versucht, das Neue und Zukünftige zu unterdrücken oder gar zu vernichten. Am Tag der unschuldigen Kinder ist es Brauch, Dinge, die in den vorhergehenden Rauhnächten nicht so gut gelaufen sind, zu bereinigen und damit die Schicksalsweichen für das kommende Jahr wieder positiver zu stellen.

Traum der Nacht/Stimmung am Morgen:

Tagesqualität & Mondphase:

Orakelkarte:

Besondere Ereignisse:

Räuchertag – Reingungsräucherung

Heute ist ein Räuchertag. Nutze die Räucherübersicht ab S. 56, um die passende Räucherung für diesen Tag zu finden, und notiere gegebenenfalls Impulse, Gedanken etc., die dir beim Räuchern kommen.

Ritual:
Die Vision klären

Was du für dieses Ritual brauchst:

- Zettel und Stift
- feuerfestes Gefäß und Räuchermischung (z. B. Kampfer, Weißer Salbei …)

Heute kannst du alle Informationen, Gedanken und Impulse, die du während deiner Visionsphase wahrgenommen hast, klären und reinigen, sodass die göttliche Energie fließen kann.

Welche Störfelder hast du wahrgenommen? Halte inne. Entzünde eine violette Kerze. Welche Gedanken, Gefühle und Handlungen sind dir in den Sinn gekommen, die deiner Visionsmanifestation im Weg standen?

Gibt es noch Altlasten, frühere Erfahrungen, geplatzte Träume, gescheiterte Vorhaben oder alte Überzeugungen, die der Verwirklichung deiner Vision im Wege stehen?

Lasse die letzten Tage von dem Tag der Niederschrift deiner Vision bis heute Revue passieren. Schreibe jede Störung auf einen Zettel. Nimm ein feuerfestes Gefäß und eine bereinigende Räuchermischung. Bitte die Geistige Welt mit einem kleinen Gebet oder einer Anrufung, dich zu unterstützen: *»Gott (Vater, Mutter und Kind in einem), ich bitte um Bereinigung und Klärung der alten Felder in deiner großen Barmherzigkeit und Güte. Dir gefällt die Wahrheit, die im Verborgenen liegt, du siehst all die Felder, die in mir noch nicht im Licht sind. Schaffe in mir ein reines Herz, ein pures Licht und einen kraftvollen, beständigen Geist, der den Himmel auf Erden verwirklichen kann. Danke. Amen in Liebe.«*

Nun verbrenne einen Zettel nach dem anderen mit der reinigenden Räuchermischung, sieh, wie sie sich im Feuer transformieren, und lasse sie los.

Eine weitere Möglichkeit

Gehe in die Natur an ein fließendes Gewässer. Halte nach einem Stein Ausschau, der das Gewicht ausdrückt, das du an Schwere mit dir herumschleppst. Segne diesen Stein, und halte ihn vor dein Herz. Atme alles hoch, was in deinem Unterbewusstsein noch gespeichert ist, und lasse es über die Atmung in den Stein hineinströmen. Du wirst energetisch spüren, wie dieser Stein schwerer wird. Danke dem Wesen des Steins, und übergib den Stein dem Fluss. Beobachte das Fließen und Strömen des kristallinen klaren Wassers, und fühle die Klärung und Bereinigung.

Ritual:
Das transformierende violette Feuer aktivieren

Die violette Flamme ist eine spirituelle Energie, die hilft, dunkle Felder, negative Gedanken, alte Muster, karmische Verstrickungen und vieles mehr umzuwandeln und aufzulösen. Es ist, als ob du einen Schwamm in die Hand nimmst und auf einer vollgeschriebenen Tafel die Informationen löschst, die keiner mehr braucht. Wenn wir negative Energien nicht lösen, so können sie sich in den unterschiedlichsten Formen manifestieren: als Krankheit, Unfall, Konflikt und vieles mehr. Daher wende die violette Flamme immer dann an, wenn du einen negativen Gedanken, einen alten Glaubenssatz, Blockaden und alte Überzeugungen bezüglich deiner Vision bemerkst.

So begehst du das Ritual:
Nimm dir Zeit. Wenn du magst, entzünde eine violette Kerze. Bitte nun die violette Flamme in die Tat: »Im Namen meiner mächtigen ICH-BIN-Gegenwart bitte ich die Meister und Lichtwesen der violetten Flamme in die Tat.« Stelle dir vor, wie die violette Flamme aus dem Zentrum, aus dem Kern zu leuchten und zu lodern beginnt. Wie sie in die dunklen Energien eindringt und sie umwandelt, auflöst und löscht. Es kann sein, dass die violette Flamme in deiner Vorstellung zuerst ganz dunkel und unruhig flackert und mit der Zeit immer ruhiger, heller, strahlender sowie weiß bis gold erscheint. Das ist der Moment, in dem du loslassen kannst und weißt, es ist getan.

Du kannst dazu eine Affirmation oder eine Anrufung sprechen, die oder das du 3-, 6-, 9-, 12-mal oder öfter wiederholst. Hier eine mögliche Affirmation: »Violettes Feuer, lodere, lodere, lodere in, durch und um jedes Elektron, verwandle alle disharmonische Schwingung in Licht, bis sie dem göttlichen Plan entspricht.«

Samen säen (siehe Ritual »13 Wünsche«, S. 80):

Kleine Tagesrückschau:

5. Rauhnacht – 28./29. Dezember

In dieser RAUHNACHT aktivierst du das Netzwerk für deine VISION.

29. Dezember
Namenstag: Thomas
Monat: Mai
Thema: Freundschaft

Traum der Nacht/Stimmung am Morgen:

Tagesqualität & Mondphase:

Orakelkarte:

Besondere Ereignisse:

ÜBUNG: MEIN NETZWERK AKTIVIEREN

»Wenn du einen Traum alleine träumst, so bleibt es ein Traum.
Wenn du den Traum mit vielen Menschen gemeinsam träumst,
so ist es der Anfang einer neuen Wirklichkeit.«
(Weisheit der Aborigines)

Heute, am Tag der Freundschaft und der Verbindungen, ist es an der Zeit, die Netzwerke zu aktivieren, die bereit sind, mit dir deine Vision in die Wirklichkeit zu holen. Nimm ein Blatt und einen Stift zur Hand, und frage dich:

Welche Gruppen, welche Netzwerke unterstützen und fördern deinen Traum?

Wer könnte dich bei der Umsetzung unterstützen? Wer kommt dir spontan in den Sinn?

MEDITATION:
Mein Netzwerk aktivieren

Nimm dir Zeit für dich. Zünde zuerst eine Kerze für dich und deine Vision an. Stelle diese in die Mitte, in das Zentrum deines Platzes. Zünde Kerzen für dein Netzwerk an, für alles, was dir dazu in den Sinn kommt. Auch für Plätze, zukünftige Ereignisse, Wunder … Zünde Kerzen für alles an, was du liebst. Anschließend betrachte die vielen Kerzen vor dir eine Zeit lang.

Nun schließe deine Augen. Mache dir bewusst: Segen ist immer da. Alle Meister und Meisterinnen, Engel und Wesen höherer Ordnung segnen ununterbrochen. Verbinde dich mit ihrer Segensenergie. Nimm deine Hände nach oben, und fühle, wie ihre Segensenergie in deine Hände strömt. Wenn du diese Energie, die immer da ist, auf deine Weise wahrnehmen kannst, so ziehe sie langsam in dein Feld. Lasse sie in dein Netzwerk strömen. Bemerkst du Lücken, Löcher oder Störfelder, so bitte die Engel auf all diese Punkte, sodass diese im Licht ausgerichtet werden. Sieh, wie dein Netzwerk sich immer mehr formt und beginnt, hell zu strahlen und zu leuchten. Nimm nun das Pulsieren wahr, und bitte die Geistige Welt, das Netzwerk jetzt vollständig zu aktivieren. Bleibe noch einen Moment in Stille mit deinem Netzwerk im Zentrum verbunden.

Bedanke dich für alles, was geschehen konnte. Dann komme in deiner Zeit ins Hier und Jetzt zurück, und öffne deine Augen wieder. Notiere es dir nun, wenn dir während der Meditation etwas in den Sinn kam. Es kann sein, dass nach der Meditation noch Impulse und Ideen einströmen. Du kannst diese Meditation immer dann durchführen, wenn du an sie denkst.

Was unterstützt deine Vision?

Samen säen (siehe Ritual »13 Wünsche«, S. 80):

Kleine Tagesrückschau:

6. Rauhnacht – 29./30. Dezember

In dieser RAUHNACHT bringst du deine VISION in die Balance.

30. Dezember
Festtag der Heiligen Familie
Monat: Juni
Thema: Balance

Heute ist der Festtag der Heiligen Familie. Für deine Visionsarbeit bedeutet dies, die Balance der drei großen Kräfte des Universums, Weiblich, Männlich, Göttlich-Kindlich, in dir herzustellen. Nimm dir Zeit, dich zu balancieren und dich für das vor dir liegende Jahr vorzubereiten.

Traum der Nacht/Stimmung am Morgen:

Tagesqualität & Mondphase:

Orakelkarte:

Besondere Ereignisse:

ÜBUNG: DIE VISION IN DIE BALANCE BRINGEN

Alles hat männliche, weibliche und göttlich-kindliche Kräfte in sich.
Sind die Kräfte in Balance, ist es leicht,
eine Vision im Tanz dieser Kräfte umzusetzen.

Weiblich – passiv – magnetisch – empfangend

Eine Vision wird empfangen. Wir beugen unseren Geist dem Herzen. Wir öffnen das Herz wie eine Lotosblüte in das Licht. Wir empfangen die Vision im Herzen. Da sie aus dem Licht empfangen wurde, werden die Kräfte des Lichts die Entwicklung und Entfaltung der Vision unterstützen.

Hast du Vertrauen in dich und die göttliche Führung? Wo fehlt es dir an Vertrauen?

Wann ist es wichtig, empfänglich, meditativ und passiv zu sein, um eine Vision aufzuladen, sich mit dem göttlichen Plan abzugleichen und sie in die Welt zu bringen?

Männlich – aktiv – elektrisch – handelnd

Wenn die Vision empfangen wurde, beginnt die Aktion. Eine Vision muss gepflegt, genährt und zur richtigen Zeit mit den richtigen Aktionen und Handlungen in die Welt gebracht werden.

Was kannst du aktiv tun, um deine Vision umzusetzen?

Wann ist es wichtig, aktiv und strukturiert vorzugehen, um deiner Vision Gestalt zu geben?

Erstelle einen Visionsplan, in dem du Schritt für Schritt Aktionen aufschreibst, die deiner Vision Kraft verleihen:

Göttlich-Kindlich – Balance – innere Führung

Im kindlichen Licht laufen die Ströme Männlich und Weiblich zusammen. Das kindliche Licht in dir gibt dir immer wieder Raum für Leichtigkeit, Humor, Spiel und Spaß, sodass du nicht zu verbissen wirst, sondern entspannt, flexibel und locker bleiben kannst.

Wie ist es um dein Inneres Kind bestellt? Hörst du es? Darf es in sein goldenes Licht wachsen?

Balance

Nimm nun die rechte und die linke Hand bewusst vor deinem Herzen in der Gebetshaltung zusammen. Die Daumen zeigen zum Herzen, zur fünften Kammer des Herzens (zum ewigen göttlichen Funken in dir). Fühle die Dreifaltigkeit in dir – Männlich, Weiblich und Göttlich-Kindlich. Spüre die Balance und die Ausgewogenheit. Atme in die dreifaltige Kraft in dir. Genieße diesen Moment, und danke deiner inneren Führung. Spüre den Tanz der drei Kräfte, das Zusammenspiel, aus dem sich das Neue formen kann. Danke dir selbst. Vertraue auf dich, und erwarte das Beste!

MEDITATION:

Meine verwirklichte Vision

Schließe deine Augen, konzentriere dich auf deine Vision und auf das vor dir liegende Jahr. Stelle dir das Jahr und deine Visionsverwirklichung vor. Visualisiere, dass das neue Jahr so wird, wie du es dir jetzt in diesem Moment erträumst. Stelle dir eine goldene Linie vor, die wie ein roter Faden von Jetzt bis zur Verwirklichung verläuft und Fügungen und Wunder enthält, und mache dir bewusst, wie du deinem Herzen und deiner Intuition gefolgt bist, um der zu sein, der du sein möchtest. Sieh dich in deinem vollendeten Licht. Sieh dich in der Vollendung deiner Vision. Wie fühlt sich das an? Was hörst du? Was siehst du? Wie schwingt dies in dir? Wie ist es für das Gesamte? Gehe noch tiefer in die Vorstellung hinein. Wie ist es, wenn all das, was du dir erträumt hast, wahr geworden ist? Jetzt, in diesem Moment!

Nun sieh dich am Ende des neuen Jahres auf die vergangenen Monate zurückblicken. Voller Dankbarkeit und Vertrauen schaust du auf das Jahr und auf den Weg, den du gegangen bist, mal passiv wartend, mal aktiv umsetzend, flexibel, kreativ, Wunder und unerwartete Lichteinströmungen vom Universum empfangend. Voller Dankbarkeit spürst du die Führung aus dem Licht, deine geistige Führung, die immer an deiner Seite war und ist und deine Schritte glückwärts gelenkt hat und lenkt.

Umsetzung:

Nutze das, was du gerade in der Meditation erfahren und erlebt hast, um einen Plan zu machen. Male und/oder schreibe auf, was du bereit bist, für deine Vision zu tun.

Welche Schritte stehen an? Was gibt es zu tun? Was kannst du tun, um deine Vision zu verwirklichen? Was ist dein Plan?

Wir können die Schritte in unser Lebensglück aktiv wählen und gehen. Der Weg ist das Ziel. Du kannst jeden Tag etwas für dich und deine Vision tun.

Samen säen (siehe Ritual »13 Wünsche«, S. 80):

Kleine Tagesrückschau:

7. Rauhnacht – 30./31. Dezember

In dieser RAUHNACHT unterstützt du deine VISION durch Reinigung und Neuausrichtung.

31. Dezember
Namenstag: Silvester
Monat: Juli
Thema: Vorbereitung auf das Kommende

Torweg: Übergang von einer abgelaufenen Zeit zu einer neu beginnenden Zeit. Guten Rutsch!

Jeder Übergang eröffnet neue Möglichkeiten, Dinge zu verändern, sie neu zu formen und sie anders zu gestalten. Bereite dich auf den Übergang vor.

Traum der Nacht/Stimmung am Morgen:

Tagesqualität & Mondphase:

Orakelkarte:

Besondere Ereignisse:

IMPULS:
Platz schaffen für das neue Werden

Heute ist Zeit zum Loslassen, Räuchern, Reinigen und Platzschaffen. Räuchere dein Haus. Gehe bewusst durch alle Räume, räume auf, und schmeiße Dinge weg.

Was dient dir? Was ist abgelaufen, hat seinen Sinn erfüllt, bindet Energie (z. B. kaputte Gegenstände, alte Erinnerungen …)? Was möchtest du im alten Jahr lassen?

IMPULS:
Die Visionsecke

Schaffe Platz für das Neue. Richte dir eine Ecke in deinem Zuhause nur für dich ein. Einen Platz, der deine Vision durch Bilder, Figuren, Farben, Klänge, Affirmationen usw. verstärkt. Einen Platz, an dem du regelmäßig sitzen und meditieren kannst, um die Kräfte des Lichts zu bündeln und zu lenken.

BILDER, die deine VISION verkörpern:

....

....

FIGUR, die deine VISION verstärkt:

....

KERZE in einer bestimmten Farbe, die deiner VISION entspricht:

....

KARTEN, die dich durch das Jahr begleiten und dich stärken:

....

....

AFFIRMATION, die dich bei der Verwirklichung deiner Vision im neuen Jahr begleitet:

....

....

....

SONSTIGES (Symbol, Gegenstand, Edelstein …)

Nutze deine Visionsecke regelmäßig, aktiv und bewusst. Du wirst merken, wie sich eine Welle von Energie aufbaut, die von allein losrollt und alles in dein Leben zieht, was deiner Vision dient.

Samen säen (siehe Ritual »13 Wünsche«, S. 80):

Kleine Tagesrückschau:

8. Rauhnacht – 31. Dezember/1. Januar

In dieser RAUHNACHT verstärkst du deine VISION mit einem Versprechen.

1. Januar
Neujahrstag
Monat: August
Thema: Geburt des neuen Jahres

Viel Glück und viel Segen auf all deinen Wegen.
Wie das Neujahr beginnt, so wird das ganze Jahr.

Der 1. Januar gilt bereits seit Julius Cäsar als Jahresbeginn. Im Jahr 1582 wurde die Zählung noch einmal reformiert, weil der julianische Kalender Schaltjahre nicht berücksichtigt hatte. Der Neujahrstag ist ein Tag des Segens und des Glücks. Man gibt Segen in die neuen Vorhaben, wünscht sich gegenseitig Glück, verschenkt Glückssymbole wie Klee, Schweinchen und Pfennige. Ein guter Tag, um die Vision im neuen Jahr zu segnen und eine bindende Vereinbarung mit dir selbst einzugehen!

Traum der Nacht/Stimmung am Morgen:

Tagesqualität & Mondphase:

Orakelkarte:

Besondere Ereignisse:

Ritual:
Mein Neujahrsvisionsversprechen an mich selbst

Zünde eine Kerze an. Konzentriere dich auf deine Vision. Bitte die Meister und Lichtebenen, den goldenen Regen des Segens, der Liebe und der Verwirklichung in deine Vision hineinströmen zu lassen. Triff eine Absprache mit dir selbst. Wähle dazu ein Symbol, einen Ring, einen Anhänger, einen Stein oder etwas anderes, was du das ganze Jahr über bei dir trägst und was dich immer wieder an diese Absprache erinnert, z. B.:

»Ich, …, verspreche mir, für mich da zu sein, das neue, vor mir liegende Jahr zu nutzen, um meine Vision Schritt für Schritt zu verwirklichen und meinen Träumen Raum zu geben. Ich bin offen für Wunder, günstige Gelegenheiten, Flow, neue Erkenntnisse und Zeichen, die mir auf dem Weg durch das neue Jahr begegnen werden. Ich habe es verdient, ein Leben in Gesundheit, Freude, Leichtigkeit, Fülle, Erfolg und Reichtum zu führen. Mir gehört das Himmelreich, das ich auf Erden verwirklichen kann. Ich glaube an mich. Ich vertraue mir. Alle Kraft ist bereits in mir, um meine Visionen zu verwirklichen.

In Liebe ………….
Ort, Datum«

Formuliere hier deine eigene Absprache mit dir selbst mit deinem Namen, dem heutigen Datum und deiner Unterschrift:

Lege dir heute ein Visionsverwirklichungsbuch an, in dem du alles notieren und in das du alles hineinzeichnen kannst, was mit deiner Visionsverwirklichung zu tun hat.

Samen säen (siehe Ritual »13 Wünsche«, S. 80):

Kleine Tagesrückschau:

9. Rauhnacht – 1./2. Januar

In dieser RAUHNACHT setzt du den goldenen Impuls für das neue Jahr.

2. Januar
Namenstag: Kenaz – Heilige Katharina – Caspar
Monat: September
Themen: Gold, Segenslicht

Heute ist der zweite Tag im neuen Jahr.
Zeit für goldene Taten und neue Wege.
Der Alltag kehrt ein: Zeit, sich einen Tag im All zu erschaffen!

Am 2. Januar beginnt für viele wieder die Arbeit, und der Alltag kehrt ein. Doch rückt ein Ereignis jetzt in den Mittelpunkt des Rauhnachtgeschehens, das schon ein wenig an den Dreikönigstag erinnert. Es ist der Tag der Heiligen Katharina, die verschiedene Aspekte der Erdmutter ausdrückt und zugleich mit ihrem Attribut, dem Rad, für das Rad des Lebens, d. h. für Geburt, Lebensverlauf und den Tod, steht. Sie hat sich auf den Weg gemacht, um das Sonnenkind mit den Aspekten des Lebens zu segnen.

Heute ist auch der Tag der Rune Kenaz, die »Fackel« oder »Licht« und im übertragenen Sinne »Wissen und Weisheit« bedeutet. Das Licht hat sich verkörpert. Es ist perfekt und vollkommen. Wir alle sind Lichtträger und Lichtträgerinnen. Licht erstrahlt in jedem Atom und in jeder Zelle.

Traum der Nacht/Stimmung am Morgen:

Tagesqualität & Mondphase:

Orakelkarte:

Besondere Ereignisse:

IMPULS:
Der goldene Same

Heute ist es Zeit, einen ganz neuen Schritt in die eigene Lebensgestaltung zu gehen. Der Dalai Lama empfiehlt, einmal im Jahr einen Ort zu besuchen, den man noch nicht kennt. Neue Orte, neue Impulse, neue Eindrücke, lebendiges Leben.

Schließe deine Augen. Mit dem Einatmen nimmst du gold-brillantes Licht auf, mit dem Ausatmen verteilst du das gold-brillante Licht in dir und um dich herum. Atme ein paarmal in dieser Weise, bis du ganz von goldenem Licht durchdrungen und umhüllt bist. Verweile für einen Moment in dem goldenen Licht. Spüre, wie sich dein Herz öffnet wie ein Lotos und rosa Licht in das goldene Licht hineinströmt. Frage dich nun: »Was wollte ich schon immer einmal machen? Welchen Ort möchte ich besuchen? Welchen Traum möchte ich mir verwirklichen? Wen oder was möchte ich in diesem Jahr sehen/erleben?« Warte einen Moment, lasse dir Zeit, atme, bis die Vision vor deinem inneren Auge erscheint. Nun ist es Zeit, zu handeln: Jetzt ist der Augenblick der Kraft!

Was wollte ich schon immer einmal machen?
(Harry-Potter-Tour in London, den Jakobsweg gehen, Reise nach Glastonbury/Avalon, Besichtigung des Odilienbergs, Kur, Kurs ...)

Welchen Ort möchte ich in diesem Jahr besuchen? Wen möchte ich sehen/was möchte ich erleben?

Zögere nicht! Handle jetzt! Suche dir JETZT den Termin heraus! Buche deine Reise HEUTE! Hänge die Buchungsbestätigung in deine Visionsecke. Freude pur – nun ist es fest! Herzlichen Glückwunsch! Dieser goldene Same wird in diesem Jahr Wirklichkeit.

Samen säen (siehe Ritual »13 Wünsche«, S. 80):

Kleine Tagesrückschau:

10. Rauhnacht – 2./3. Januar

In dieser RAUHNACHT spinnst du das Rad deiner LEBENSVISION.

3. Januar
Namenstag: Ehwaz – Ambeth-Margarethe – Melchior
Monat: Oktober
Themen: Weihrauch, Visionen und Eingebungen, Verbindung mit dem Göttlichen

Die Rune Ehwaz steht für Bewegung, Entwicklung und Fortschritt. Ambeth-Margarethe symbolisiert die Leben gebärende Mutter. Sie ist voller Liebe, Licht und Gutem. Ihr sind die Spirale des Lebens und der Kessel der Fülle zugeordnet. Melchior ist der Weise aus dem Morgenland, der den Weihrauch zur Krippe bringt.

Der Kessel des Lebens besteht aus Vergangenheit, Gegenwart und Zukunft.

Traum der Nacht/Stimmung am Morgen:

Tagesqualität & Mondphase:

Orakelkarte:

Besondere Ereignisse:

IMPULS:
Visionszeit & Visionserfüllung

Unsere Zeit in dieser Welt ist begrenzt.

Lebenszeit geht vorüber und kehrt nie wieder zurück. Weihrauch symbolisiert den Lebensatem und die schwindende Lebenszeit. Zeit an sich ist eine Illusion und ein subjektives Empfinden, doch gibt sie uns hier auf unserem Erdenweg einen Richtwert, an dem wir uns orientieren können. Mache dir bewusst: Du bist jetzt das Licht in dieser Welt. Frage dich: »Wenn ich Schöpfer meines Lebens bin, wie kann ich mein Leben vollständig erfüllen?«, »Wie kann ich die mir gegebene Lebenszeit sinnvoll nutzen, zu meinem Wohle, zum Wohle des Gesamten, im Einklang mit dem Höchsten?« Es ist an der Zeit, deine Lebenskraft zu bündeln, Rückschau und Vorausschau zu halten und dich in deiner Mitte, in der Gegenwart auszurichten.

Vergangenheit

Was nehme ich aus der Vergangenheit in den Kessel des neuen Werdens?

Gegenwart

Was nehme ich aus der Gegenwart in den Kessel des neuen Werdens?

Zukunft

Welche Zutaten werde ich zukünftig in den Kessel des neuen Werdens geben?

IMPULS:
Das Rad deiner Lebensvision

Bündele heute deine Lebensenergie, deine Lebenskraft und deinen Lebensatem! Notiere in den vier Ringen der Kraft deine Möglichkeiten und Prioritäten im neuen Jahr:

Der 1. Ring der Kraft: ICH BIN
Der erste Kreis ist deine persönliche Sonnenkraft »ICH BIN«. Wer bist du, wer möchtest du sein? Was ist die beste Version deines Selbst? Was möchtest du in dein Zentrum stellen?

Der 2. Ring der Kraft: VOM ICH ZUM DU
Wen möchtest du im zweiten Ring der Kraft bei dir haben (Familie, Partner, Freunde)? Mit welchen Menschen möchtest du Zeit verbringen? Für welche Dinge möchtest du deine Zeit nutzen?

Der 3. Ring der Kraft: VOM ICH ZUM DU ZUM WIR
Womit möchtest du beruflich, gesellschaftlich, in deiner Freizeit Zeit verbringen?

Der 4. Ring der Kraft: DEIN BEITRAG IN DER WELT
Welche Verträge, Verpflichtungen, Abmachungen und Absprachen können gelöst werden? Welche laufen gut? Welche können neu geschlossen werden?

1

2

3

4

Betrachte deine vier Kreise, und bündele die Energien immer mehr – im Einklang mit deiner Lebensvision.

Samen säen (siehe Ritual »13 Wünsche«, S. 80):

Kleine Tagesrückschau:

11. Rauhnacht – 3./4. Januar

In dieser RAUHNACHT verleihst du deiner VISION noch mehr Energie.

4. Januar
Namenstag: Berkana – Borbeth-Barbara – Balthasar
Monat: November
Themen: Loslassen, Abschied nehmen,
Beschäftigung mit dem Tod

Die Rune Berkana steht für Fruchtbarkeit und ist ein Symbol für Mutter Erde. Sie bezieht sich auf das Leben – Geburt, Heirat, Tod – und verspricht ein friedvolles und fruchtbares Erdendasein. Borbeth-Barbara steht für das Zerschneiden des Lebensfadens und alter Verbindungen. Ihr Symbol ist der Turm.

Der Name der Erdgöttin Beth steht für das Bett, in dem wir schlafen. »Beten«, »betten« und »bitten« stehen auch damit in Zusammenhang. Beth garantiert, dass der Tod nur etwas Vorübergehendes ist. »Bar« bedeutet sowohl »gebären« als auch »die Totenbahre«. Das »B« im Segen »CMB«, der an die Haustüre geschrieben wird, stand früher für Borbeth und die Bitte um Frieden, Ruhe und Schutz.

Balthasar bedeutet »Gott schütze sein (ewiges) Leben.« Er bringt die Myrrhe, die früher auch für die Einbalsamierung genutzt wurde.

Traum der Nacht/Stimmung am Morgen:

Tagesqualität & Mondphase:

Orakelkarte:

Besondere Ereignisse:

IMPULS:
Dein Lichterbe – deine gelebte Vision

Nimm dir heute Zeit, dich mit deiner Endlichkeit hier auf Erden zu befassen. Mache dir bewusst: »Ich bin ein geistiges Wesen, das für eine bestimmte Zeit eine irdische Erfahrung macht, und kein Mensch, der ab und zu eine geistige Erfahrung macht. Als geistiges Wesen habe ich Zugang zu allen Ebenen und Dimensionen der Schöpfung.«

Was hast du zu verlieren?

Was kannst du gewinnen?

KLEINE MEDITATION

Sieh dich als ewiges geistiges Wesen, das für eine gewisse Zeit eine menschliche Erfahrung macht. Betrachte deine jetzige Erdeninkarnation und deinen Weg auf Erden, der einen Beginn und ein Ende hat. Mit dem Einatmen hast du JA zu diesem Leben gesagt und eine größere Kraft JA zu dir. Hättest du nicht geatmet, keine Kraft der Welt hätte dich in dieses Erdenleben bringen können. Der Atem trägt dich durch das Leben. Mit jedem Atemzug bist du verbunden mit deinem ewig geistigen Wesen, mit den Lichtwelten, aus denen du stammst, mit der Liebe, aus der du kommst. Wenn du gehst, atmest du aus und bist wieder im Licht. Nun sieh deinen Lebensweg, und stelle dir vor, wie er immer breiter wird. Bitte deine Engel und deine Lichtwesen darum, den Weg zu segnen und vorzubereiten, und sei bereit, den Lichtspuren deines Herzens zu folgen. Erkenne dich, wie du in dieser Erdeninkarnation alles einbringst und erfüllst, wozu du gekommen bist. Sieh dich deinen Weg und deinen Lebensplan vollständig vollenden. Wie fühlt sich das an? Bade in dem Gefühl. Nun erfahre die letzten Momente deines Lebens und was die Nachwelt in der letzten Erdenfeier über dich sagt.

Was soll die Essenz deines Lebens sein? Was die Zusammenfassung – in einem Satz?

Nimm dir hier Zeit, eine Nachrede für deine Lebensreise zu formulieren. Was möchtest du der Erde bringen? Was soll das Vermächtnis sein, das du hinterlässt?

IMPULS:
Mehr Energie für deine Vision

Myrrhe – die Kraft der Erlösung
Heiliges Harz – heiliges Herz

Myrrhe ist das Kraut, das die seelischen Wunden, die wir auf dem Erdenweg erlitten haben, heilt, damit wir in unserem vollständigen Licht voranschreiten können. Myrrhe hilft, Kummer, Schmerz, Anspannung, Ängste und Trauer, Gram und alte Speicher der Seele zu reinigen und zu erlösen. Myrrhe bringt Trost und die Kraft, das Mysterium des Todes zu verstehen und über die Trennung zurück in die Verbundenheit zu kommen, sodass das Licht wieder fließen kann.

Du kannst heute mit einer Myrrheräucherung oder einem Myrrheöl arbeiten, um alte Erinnerungen deiner Seele zu erlösen. Damit wird ungeahnte und bisher gebundene Energie frei, die du in die Umsetzung deiner Visionen investieren kannst.

In Anbetracht des Lichts deines Seins und der Möglichkeiten, die in dir liegen, ist es heute an der Zeit, dir selbst und anderen vollständig zu vergeben und dich zu erlösen von all der Schwere, die du in dir trägst, sodass du leichten Schrittes weitergehen kannst. So nimm dir heute Zeit, noch einmal zu räuchern und zu reinigen und deine Seele in Anbetracht der Endlichkeit in der Unendlichkeit zu erleichtern. Mache dir bewusst, dass es niemandem nützt – auch dir selbst nicht –, alte Emotionen festzuhalten. Du wirst jene wiedersehen, mit denen du im Herzen verbunden bist. Viele guten Werke in der Welt sind aufgrund von Trauer und Verlust entstanden, um vielen Menschen zu helfen.

Wie kannst du deine Lieben im Himmel am besten ehren?

Worüber würden sie sich freuen, wenn sie auf dich blicken?

KLEINE ERLÖSUNGSMEDITATION

Nimm den schweren, balsamischen, goldenen, wärmenden, würzig-erdigen Geruch der Myrrhe wahr. Er dringt in die Tiefen deiner Seele. Spüre, wie das dunkle, goldene, balsamische Licht in all deine Wunden strömt, sie öffnet, reinigt und mit neuem Licht erfüllt. Myrrhe hat eine heilsame, erneuernde und verjüngende Wirkung auf Körper, Geist und Seele.

Du kannst dazu folgendes Gebet sprechen:
»Gott (Vater, Mutter und Kind in einem), ich danke für all die Segnungen und für all die Lektionen in meinem Leben. Ich vergebe allen die Worte, Taten, Gedanken und Handlungen, die mir zugefügt wurden, ich bitte um Vergebung für all meine Taten, Worte, Gedanken und Handlungen, mit denen ich anderen bewusst oder unbewusst Schmerz zugefügt habe. Es tut mir leid. Liebe ist die Wahrheit. Ich verzeihe. Danke. Ich bitte, dass jetzt das goldene Christuslicht in alles hineinströmt, was Heilung, Segen, Liebe und Trost braucht. Ich bitte darum, dass das heilige Licht mich und alle, die mit mir verbunden sind, reinigt, segnet, salbt, sodass wir alle gut weitergehen können auf unserem Weg in das Licht. Ich danke für deine Güte, Gnade und unermessliche Liebe. Möge ich die Träume, Visionen und Wünsche aus dem höchsten Licht kommend auf Erden erfüllen. Möge ich das Paradies in mir und in allem Leben wiedererwecken. Amen in Liebe.«

Spüre nun den Energiefluss aus den höchsten Ebenen. Spüre, wie das reinste Licht in dich wie in alles Leben hineinströmt. Wie all die gebundene Kraft frei wird, dein Kraftfeld sich auflöst, sich ein neues aufbaut und wie die Energie zu fließen beginnt. Spüre die balsamischen, heilsamen Ströme, die nun in all die Wunden und Narben deiner Seele fließen, um diese zu heilen. Stelle dir vor, wie Wunden und Narben sich schließen, Wärme, Geborgenheit und Liebe dein Sein erfüllen, die Lichtbahnen sich wieder verbinden, Licht und Liebe wieder zu strömen beginnen und dein Feld sich immer mehr entspannt, entfaltet und sich hell und strahlend ausdehnt. Stelle dir vor, wie dein Licht sich befreit und sich wieder an der göttlichen Matrix ausrichtet.

Wenn du möchtest, so wasche dir am Abend die Füße, und salbe deine Füße und besonders deine Fußsohlen anschließend mit Myrrheöl sowie intuitiv die Stellen, die es benötigen. Lasse das Öl über Nacht wirken. Wie fühlst du dich jetzt? Lenke all die frei gewordene Energie in deine Vision.

Samen säen (siehe Ritual »13 Wünsche«, S. 80):

Kleine Tagesrückschau:

12. Rauhnacht – 4./5. Januar

In dieser RAUHNACHT wirst du deine VISION vollenden und sie dem Universum übergeben.

5. Januar
Heilige drei Madl – Tag der Gnade
Vorbereitung auf die Nacht der Wunder
Monat: Dezember
Thema: Gnade – das Universum fügt hinzu

Der 5. Januar ist ein besonderer Tag. Heute kann man, wie am »Tag der unschuldigen Kinder«, Dinge, die in den vergangenen Rauhnächten nicht so gut gelaufen sind, wiedergutmachen.

Traum der Nacht/Stimmung am Morgen:

Tagesqualität & Mondphase:

Orakelkarte:

Besondere Ereignisse:

IMPULS:
Reinigung der Energien der letzten 12 Nächte und Tage

Nimm dir Zeit, und lasse die letzten 12 Nächte und Tage Revue passieren. Was ist nicht so gut gewesen? Was hat dich belastet? Welche Zeichen haben sich nicht gut angefühlt? Schreibe alles auf einen Zettel, und übergib diesen mit etwas Räucherwerk dem Feuer.

ÜBUNG: VISIONSVOLLENDUNG

Die Zwölf ist die Zahl der Visionsvollendung. Heute ist es an der Zeit, deine Vision in den Kreis der Zwölf zu stellen und sie abzurunden. Übergib sie dem Universum.

GEIST

Konzentriere dich zuerst auf die Zirbeldrüse, und stelle dir vor, wie sie sich um 360 Grad öffnet, sodass das Licht deiner Zirbeldrüse sich kreisrund ausdehnt und du ganz in dein eigenes Führungssystem kommst. Konzentriere dich, und bündele die Energie, indem du dir deine Vision noch einmal mit allen Sinnen vorstellst.

HERZ

Nun stelle dir vor, wie du deine Vision von der Zirbeldrüse in dein Herz hineinziehst. Fühle deine Vision in deinem Herzen. Spüre, wie sie von der Energie deines Herzens erfüllt wird, wie sie Farbe annimmt, deutlicher wird und sich verdichtet. Spüre das Ja im Herzen zu deiner Vision.

SEELE

Nun stelle dir vor, wie du deine Vision aus dem Herzen in deinen Bauchnabel hineinziehst. Spüre deine Vision in deinem Führungssystem, in deiner Intuition. Es kann vorkommen, dass sie in diesem Bereich ein wenig zusammenfällt. Das liegt an den vielen alten Speichern. Diese kannst du nun löschen, indem du mit der linken Hand im Uhrzeigersinn um deinen Bauchnabel fährst und ein Wohlgefühl erzeugst, in etwa wie nach einem guten Essen. Stelle dir vor, wie goldenes Licht aus deinen Händen in deinen Bauch hineinströmt und deine Vision aufgeladen wird. Spüre nach. Du wirst nun fühlen, wie deine Vision auf der Erde Fuß fasst und du voller Freude und Zuversicht ganz in deiner Vision stehst.

Nun ziehe die Vision wieder ins Herz, weiter in den Geist, lade sie dabei über die Atmung mit gold-rosa Licht auf. Zähle bis drei, und lasse sie fliegen. Stelle dir eine wunderschöne Kugel aus Licht vor, die nun im Universum jede Energie zur Verwirklichung anzieht.

Der Same ist gesetzt. Zeit, loszulassen und deine Vision zu übergeben mit der großen Bereitschaft, sie zu verwirklichen und dem Universum zu vertrauen.

Samen säen (siehe Ritual »13 Wünsche«, S. 80):

Kleine Tagesrückschau:

5./6. JANUAR – 13. RAUHNACHT

In dieser RAUHNACHT sendet dir das Universum ein Zeichen für deine VISION.

6. Januar
Heilige Drei Könige, Frau-Holle-Tag,
Epiphaniazeit, Erscheinung des Herrn
Themen: Segen, Abschluss der Rauhnächte

Der 6. Januar stellt den Abschluss der Rauhnächte dar. Die Heiligen Drei Könige erreichen das Christkind, um es zu segnen. Am 6. Januar feiert die Kirche die »Erscheinung des Herrn«. Man gedenkt dabei der Heiligen Drei Könige, der Taufe Jesu im Jordan sowie der Hochzeit zu Kana, bei der er sein erstes Wunder wirkte.

Traum der Nacht/Stimmung am Morgen:

Tagesqualität & Mondphase:

Orakelkarte:

Besondere Ereignisse:

Heute, zum Abschluss der Rauhnächte, sendet dir das Universum ein Zeichen. Dieses kann in Form eines Traums, eines Wachtraums, durch die Natur, eine Botschaft in den Medien (Radio, TV …), durch Menschen, Plakate, Aufschriften und auf vielen anderen Wegen zu dir kommen. Das Universum kann alle Kanäle der Schöpfung bedienen.

Abschließende Botschaft zu deiner Vision vom Universum:

Samen säen (siehe Ritual »13 Wünsche«, S. 80):

Nun ist noch ein Wunsch von den 13 Wünschen übrig. Dieser Wunsch wird besonders vom Universum unterstützt. Stelle ihn dir vor!

Kleine Tagesrückschau:

Resümee

Nimm dir Raum, um deine Gedanken zu den nun hinter dir liegenden Rauhnächten zu sammeln und abzuschließen.

Wie fühlt es sich an, dein Leben selbstbewusst zu gestalten?

Was schätzt du an dir selbst am meisten?

Worauf bist du besonders stolz?

Was waren die Segenspunkte, Geschenke und schönsten Momente der Rauhnächte?

Was sind nun die nächsten Schritte im neuen Jahr?

Plane in deinem Leben Zeit für dich ein. Verbringe jeden Tag mindestens eine Stunde mit dir selbst. Dann kann sich das, was in dir liegt, von allein entfalten und dich führen.

Wann ist deine Zeit mit dir im neuen Jahr?

Wann ist Raum und Zeit für Kreativität?

Du bist nun das Licht in dieser Welt. Nutze deine dir innewohnenden schöpferischen Kräfte und deine innere Weisheit, um dein Leben zu gestalten und diese Erde zu einem leuchtenderen Ort zu machen. Licht ist, wo immer du bist.

Erschaffe und sende …

- WORTE, die verbinden, heilen und tragen.
- GEDANKEN, die jede Schwingung erhöhen und Lösungen finden, statt Probleme zu wälzen.
- GEFÜHLE der Güte, Liebe, Wertschätzung und Verbundenheit.
- GESTEN des Mitgefühls und des Verständnisses.
- TATEN der Liebe und der Kraft, des neuen Werdens auf Erden.

Sei kreativ, erfinderisch, flexibel, wild und wunderbar. Die Formel, um Dharma statt Karma zu erschaffen, lautet: »Verletze nie, hilf immer.«

Abschluss

Sei das Ziel, die Vision (denn du trägst sie in dir),
und erlaube, dass sich der Weg wie von selbst offenbart.

Die Rauhnächte sind vorbei, du hast diese Zeit mit deiner eigenen Schöpferkraft erfüllt. Nun können die Samen, die du gesät hast, wachsen, gedeihen und Form annehmen. Die Welle ist geschaffen, sie bewegt sich in Zyklen von allein.

Der erste Neumond eines jeden Monats ist der Raum für den Neubeginn, für neue Impulse. Du kannst zu jedem Neumond im Monat schauen, was du dir hier zu dem Monat notiert hast und was sich in dieser Zeit getan hat. Mache dir auf der nachfolgenden Seite eine kleine Notiz. Du kannst aber auch den Vollmond wählen, um Kräfte, die sich nicht in die gewünschte Richtung entwickeln, abzubauen.

Halte Kurs auf dein Ziel. Sei fokussiert, konzentriert und klar.

Die Neumonde im neuen Jahr

Januar

Februar

März

April

Mai

Juni

Juli

August

September

Oktober

November

Dezember

Möge der goldene Regen des Segens, des Schutzes und der Liebe dich und deine Vision durchdringen und umhüllen. Mögest du allzeit zur rechten Zeit am richtigen Ort sein, um das Richtige zu tun. Möge die göttliche Führung und Fügung dich tragen auf dem Weg in eine goldene Zeit. Das Paradies ist bereits in jedem von uns. Uns gehört das Himmelreich, das wir hier auf Erden verwirklichen können.

Habe ein wundervolles und gesegnetes neues Jahr!

Über die Autorin

Jeanne Ruland ist Autorin, Wegbereiterin in die Neue Zeit, Engelmedium, Lehrerin und internationale Seminarleiterin. Sie unterrichtet Natur-, Engel-, Meister- und Strahlenlehre, Huna sowie die Lehre der Heiligen Geometrie. Ihre Seminartätigkeit begann im Jahr 2000. Ihr fundiertes Wissen und ihre langjährige Erfahrung in der Energiearbeit gibt sie gern weiter, um zu erinnern und zu erwecken. Sie bietet internationale Reisen zu Kraftorten an.

Ihre bekanntesten Werke sind: »Das Geheimnis der Rauhnächte«, »Das große Buch der Engel«, »Die lichte Kraft der Engel«, »Die Gegenwart der Meister«, »Krafttiere begleiten dein Leben«, »ALOHA«, »Maria Magdalena« sowie Bücher, CDs und Kartensets zum Thema »Heilige Geometrie«.

www.shantila.de

Kleiner Hinweis für ein erweitertes Zusammenwirken

Wenn du meine Arbeit schätzt, so hinterlasse ein Feedback. Besuche meine Webseite www.shantila.de, oder folge mir in der Weihnachtszeit auf Instagram und Facebook. Weitere Impulse und Literatur zu den Rauhnächten findest du auf www.schirner.com. Ich freue mich darauf, dich durch die heiligen Nächte zu begleiten.

In Liebe und Verbundenheit
Jeanne Ruland

Mit Jeanne Ruland segensreich durch die Rauhnächte

Schirner Verlag

Das Geheimnis der Rauhnächte

Ein Wegweiser durch die zwölf heiligen Nächte

112 Seiten
ISBN 978-3-89767-865-1

Auch als E-Book erhältlich:
ISBN 978-8434-6056-9

Mein Rauhnacht-Tagebuch

128 Seiten
ISBN 978-3-8434-1348-0

CD: Rauhnächte

Vorbereitung und Segnung für das neue Jahr

ca. 77 Minuten
ISBN 978-3-8434-8330-8

Mein Rauhnacht-Begleiter

Ein lichtvoller Begleiter durch die 12 heiligen Nächte

200 Seiten
ISBN 978-3-8434-1247-6

Mein Rauhnacht-Orakel

Visionskarten für die 12 heiligen Nächte

50 Karten mit Anleitung
ISBN 978-3-8434-9104-4

Bildnachweis

Bilder von der Bilddatenbank www.shutterstock.com

Schmuckelemente auf allen Seiten:
Seitenhintergründe: Gold: #313174931 (©-strizh-), #117383809 (©Katarina S), #114319459 (©Gudrun Muenz); Eislandschaft: #655427254 (©Standret), #314423777 (©S_Photo), #520173310 (©Konstanttin); Schneeflocken: #726265828 (©SimpleThingsHere), #747956638 (VVSV); Tapete: #520502176 (©RODINA OLENA); Lichter: #740771605 (©Koson), #546329908 (©BlurryMe); Rosa: #684598342 (©letovsegda); Papier: #83335483 (©matin); Hintergrund bei Ritualen: #314803397 (©Rafal Kulik);
Weitere Elemente: Sterne: #223418074 (©Atelier M); Ranken: #158442545 (©Romanova Ekaterina), #158677022 (©krishnasomya), #127652216 (©Horon); Rahmen: #115142167 (©LenLis), #175495343 (Curly Roo), #145326541 (SelenaMay); Weihnachtliche Elemente: #156637562 (©Lavandaart), #117752407 (©LenLis), #66689839 (©rodho), #223418074 (Atelier M), #340943273 (©Valentina_G); Schneeflocken und Christbaumkugeln: #1266676444 (©Olga Drozdova), #90388894 (© FitaPark Fita)
Weitere Bilder: S. 1 #144072169 (©Peter Hermes Furian), S. 3 #505801969 (©Olga Gorchichko), S. 12 #502876201 (©Alter-ego), S. 14 #1126007870 (©Serhii Brovko), S. 15 #156145733 (©Creative Travel Projects), S. 16 #1241094364 (©Anastasiia Malinich), S. 17 #321828788 (©Pasko Maksim) / #224167924 (©Guschenkova), S. 17/51/85 #130842830 (©Kanate), #110023949 (©jannoon028), S. 18 #689228674 (©Sergey Nivens), S. 19/21/23/25 #739560304 © (Flaffy), S. 27 #453635980 (©PopTika), S. 37/78 #734835814 (©Romolo Tavani), S. 39 #255598918 (©Catarina Belova), S. 40 #1254534514 (©Laura Crazy), S. 43 #112774264 (©Marina Grau), S. 45 #111732092 (©kesipun), S. 46 #237582118 (©Nikki Zalewski), S. 49 #770767504 (©Maria Evseyeva), S. 50 #428004469 (©Mes-toSveta), S. 51 #524779597 (©Aleksandar Grozdanovski) / #1457612639 (©Nina Firsova), S. 52/76 #252749968 (©Smit), S. 53 #147800294 (©Elena Shashkina), S. 54 #1062446879 (©CoralAntlerCreative) / #524011267 (©Ma-rina Zezelina), S. 55 #1152765740 (FotoHelin), S. 56 #1317340427 (©Luis Echeverri Urrea), S. 57 #1108066457 (©bitt24), S. 58 #602667743 (©Monika Wisniewska), S. 60 #128924048 (©IgorZh), S. 62 #40350046 (©Haywi-remedia), S. 65 #153583937 (©fotohunter), S. 65 #116575999 (©Konstanttin), S. 67 #1251837304 (©Nastya22) / #115762498 (©Volodymyr Burdiak), S. 68 #223714648 (©Gts), S. 71 #65820223 (©llaszlo), S. 73 #1195368886 (©Romolo Tavani), S. 75 #521070892 (©Konstanttin), S. 76 #252749968 (©Smit), S. 77/105 #744558364 (©Vitalii Bashkatov), S. 80 #494709769 (©Rido), S. 81 #65793043 (©Subbotina Anna), S. 82 #225906547 (©Jefunne), S. 85 #470862068 (©Guschenkova), S. 87 #637392208 (©Irina Bort), S. 91 #157375307 (©TierneyMJ), S. 93 #605622212 (©Evgeny Atamanenko), S. 94 #556712518 (©Belight), S. 95 #323826866 (©catalina.m), S. 98 #1206927121 (©Pros-tock-studio), S. 101 #1061841089 (©CoralAntlerCreative), S. 103 #154184654 (©TTphoto), S. 104 #228917233 (©grafvision), S. 108 #1228005499 (©catalina.m), S. 116 #345369761 (©Anna Ok), S. 122 #774110467 (©LilKar), S. 130 #517355914 (©Alex Yuzhakov), S. 134 #1168814980 (©VAlekStudio), S. 144 #1007276395 (©progressman), S. 146 #780986371 (©oatawa), S. 148 #756035674 (©morrowlight), S. 153 #1439348747 (©Bilanol)